KB265348

식탁 위의 철학

식탁 위의 철학

음식 속에 숨어 있는 영양 가득한 철학

© 신승철, 2012

초판 1쇄 펴낸날 2012년 10월 26일
초판 3쇄 펴낸날 2014년 5월 20일

지은이 신승철
일러스트 조경규
펴낸이 이건복
펴낸곳 도서출판 동녘

전무 정락윤
주간 곽종구
책임편집 구형민
편집 이정신 최미혜 조유나 현의영
미술 조하늘 고영선
영업 김진규 조현수
관리 서숙희 장하나 김영옥

인쇄·제본 영신사   **라미네이팅** 북웨어   **종이** 한서지업사

등록 제311-1980-01호 1980년 3월 25일
주소 (413-120) 경기도 파주시 회동길 77-26
전화 영업 031-955-3000 편집 031-955-3005 **전송** 031-955-3009
블로그 www.dongnyok.com **전자우편** editor@dongnyok.com

ISBN 978-89-7297-682-0 03100

동녘

식탁 위의 철학

신승철 지음

동녘

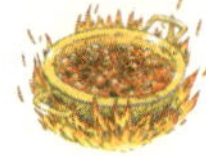

차례

첫 번째 식탁 철학이 담긴 우리 전통 음식

두 번째 식탁 매일 먹는 일상 음식 속 철학

세 번째 식탁 철학에 윤기를 더하는 양념

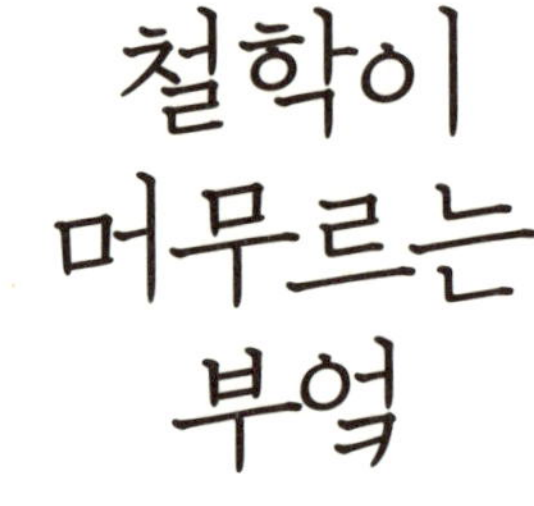

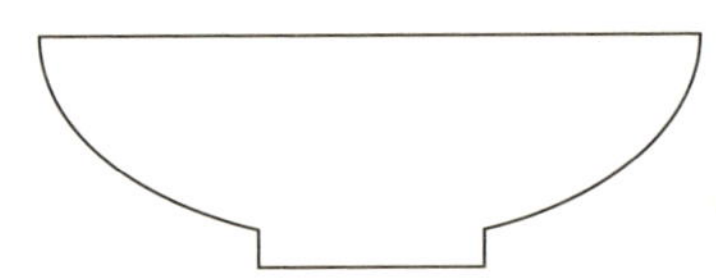

일러두기

• 단편 글, 노래, 영화 등의 제목은 〈 〉로, 책과 잡지는 《 》로 구분해 표기했다.
• 이 책의 표지와 본문에 나오는 '북어국'은 한글 맞춤법 규정에 따르면 '북엇국'으로 표기하는 것이 옳지만,
  시중에서 일반적으로 통용되어 굳어진 '북어국'으로 표기했다.

2011년 여름부터 아내와 함께 연구실 앞에 상자 텃밭을 놓고 채소를 키우기 시작했습니다. 거기서 나오는 상추며, 토마토며, 깻잎이며, 파 등을 저녁 반찬의 재료로 삼아 요리하면서 이야기꽃을 피웠습니다. 김치 이야기, 빵 이야기, 라면 이야기 등을 하다 보니 제법 철학적인 대화가 되었습니다. 그래서 이것을 책으로 한번 엮어보면 어떨까 하는 생각이 들었습니다.

어릴 때부터 부엌이라는 공간을 무척 좋아했습니다. 어머니께서 요리를 하시는 동안 식탁 위에서 책을 읽었고 그 요리의 냄새를 맡고 소리를 들으며 행복한 상상을 했습니다. 이러한 행복한 유년의 기억이 이 책을 쓸 수 있는 배경이었는지도 모르겠습니다. 펠릭스 가타리의 말처럼 부엌은 음식의 흐름, 물의 흐름, 불의 흐름, 쓰레기의 흐름이 있는 온갖 흐름의 공간이며, 계약 관계, 욕망 관계, 권력 관계가 교차하는 관계의 공간입니다. 그곳은 설렘과 기대, 기쁨과 행복, 충만과 포만과 같은 정서들이 움직이는 공간이기도 합니다.

사실 먹는 행위는 우리의 뼈와 살을 다시 만들어내는 가장 기본적인 행위입니다. 음식에서 어떻게 철학적 사유가 나오는지 의아히 여기는 분이 있을지도 모르겠습니다. 그러나 음식에는 문화, 역사, 철학, 예술, 정치, 경제가 다 녹아들어 있습니다. 과거에는 철학이 과학의 부속물처럼 객관적인 진리를 얘기해야 한다고 여겼던 때도 있지만, 저는 이제 삶이 곧 철학이며, 일상에서 던지는 문제의식이 곧 철학이라는 생각이 듭니다. 그래서 음식은 그 자체가 훌륭한 철학적 소재였고, 부엌은 철학자의 공간으로 재탄생할 수 있었습니다.

철학의 궤도를 수정하고 나니 아주 색다른 현실과 마주쳤습니다. 세상이 재창조되었지요. 된장찌개를 보며 콩의 변용을 생각했고, 잡채를 보며 다양성을 생각했고, 북어국을 보며 위장의 무의식을 생각했습니다. 빵을 보며 생명의 부풀림이 보여주는 가상성을 생각하고, 소주를 보며 보이지 않는 것의 윤리와 미학을 생각하기 시작했습니다. 마치 어린아이가 세상의 새로운 원리를 알아나가는 것처럼 마냥 책을 쓰는 순간이 행복했습니다. 이런 식으로 다채로운 음식으로 이루어진 밥상 하나가 차려졌습니다.

이 책은 저 혼자만의 철학적 사유와 상상력의 산물이 아닙니다. 그 속에 숨겨져 있어서 잘 보이지 않던 진실도 있습니다. 단지 색다르고 특이하게 생각해 세상을 달리 보고자 하는 철학자의 노력이 더해졌을 뿐입니다. 글을 쓰면서, 내내 저는 밥상머리에 앉아 행복한 상상을 하는 한 아이였습니다. 아카데미에서 틀에 박힌 철학 강의를 하다가, 미시적인 삶 속에서 자유로운 철학을 전개하는 작업을 해보니 모든 게 흥미로웠고 저절로 신이 났습니다. 마치 부엌에서 음식 재료들이 만들어내는 오페라의 화음과 하나 되어 신나게 지지고 볶고 튀기는 요리사가 된 기분이라고 할까요?

이 책의 씨앗이 뿌려졌을 어린 시절, 부엌의 식탁 위에서 책을 읽거나 글을 쓰도록 허락해주셨던 어머님에게 감사한 마음을 전하고 싶습니다. 매일 식탁에 마주앉아 즐거운 상상을 촉진하고 아이디어를 주었던 아내 이윤경 님에게도 사랑을 전하고 싶습니다. 또한 책이 나오기까지 오랜 시간 기다려주셨고, 마치 묵은 김치와 같이 원고의 발효와 숙성을 위해 많은 조언과 충고를 해주신 동녘출판사 편집부에게 감사의 뜻을 전합니다.

이 책의 색다른 부드러움과 독특한 문제의식이 독자들의 삶을 충만하고 포만하게 하는 데 도움이 됐으면 좋겠습니다. 밥상에 둘러앉은 친구, 가족, 부부들이 이 책에서 저녁 시간의 잡담거리를 찾았으면 좋겠습니다. 이 책을 읽고 군침이 돌고 미각이 살아나서 맛있는 식탁이 만들어져도 좋겠습니다. 배부른 독서가 되기를 바랍니다.

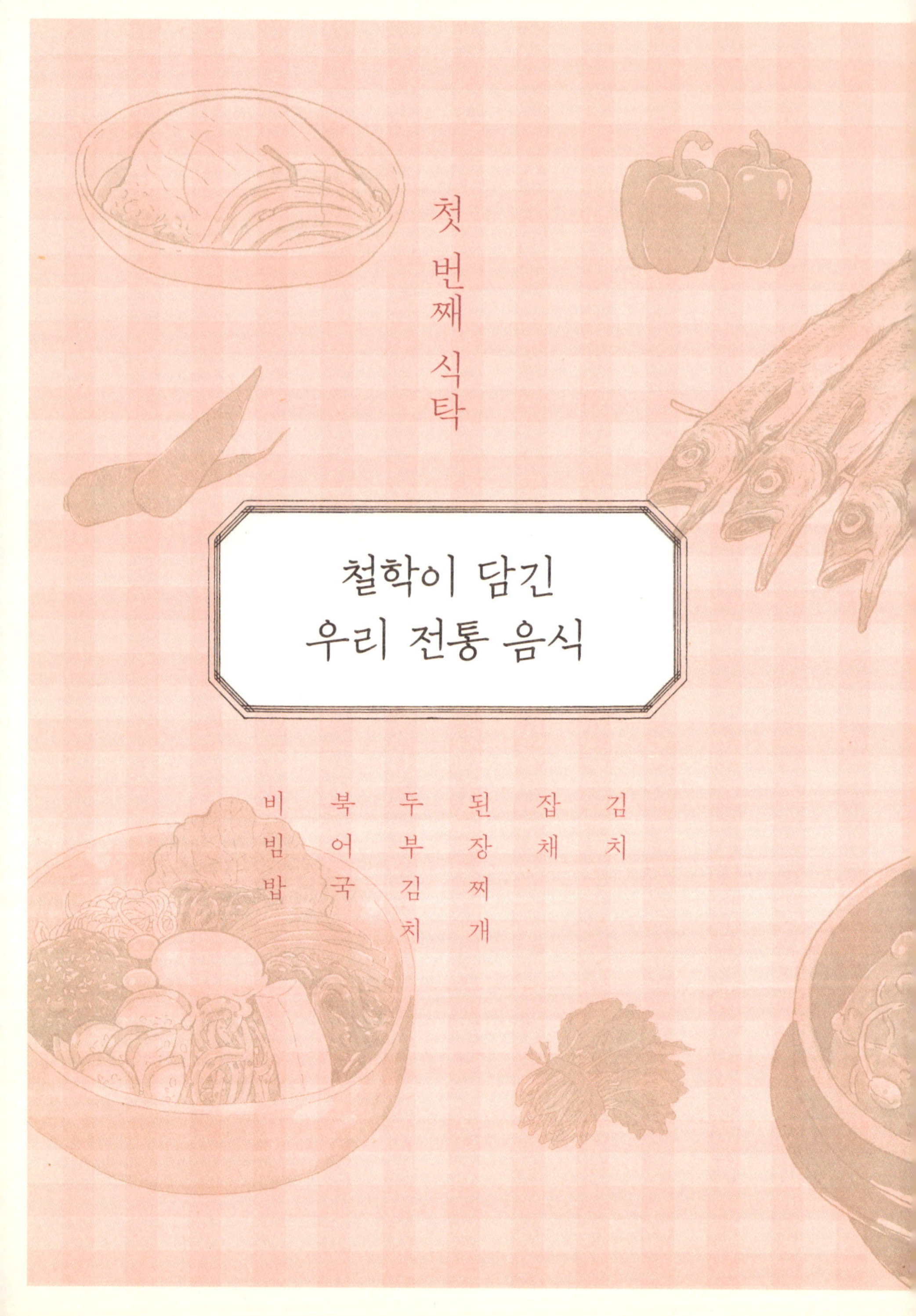

철학이 담긴
우리 전통 음식

김치와
리토르넬로

김치는 발효의 시학이다

김치! 김치는 보리밥 위에 손으로 찢은 겉절이를 얹고 풋고추와 된장만 곁들여도, 진수성찬 못지않은 훌륭한 여름 밥상을 만드는 별미입니다. 신김치를 뭉텅뭉텅 썰어서 찌개를 만들면 푸짐한 한 상을 차릴 수 있고, 겨울에 고구마를 쪄서 물김치와 함께 먹으면 둘도 없는 간식이 됩니다. 김치만큼 우리의 삶과 가깝고 친

첫 번째 식탁: 철학이 담긴 우리 전통 음식

근한 것이 있을까요? 시골에 계신 어머니께서 부쳐주신 김치를 냉장고에 넣어두고 먹다보면 어머니의 정성과 솜씨가 한 계절 내내 입안에 남아 있지요. 땅에 묻은 장독대에서 겨우내 꺼내 먹는 아삭아삭 살얼음이 낀 김치의 새콤함을 어떻게 잊을 수 있을까요. 요즘은 값비싼 김치냉장고에 보관해도 그때의 맛이 나지 않습니다. 김치가 채소의 영양과 맛을 보존하기 위한 저장식품이라는 것을 생각하면, 이제 저장의 기능보다 맛이 더 우선 되는 것 같습니다.

김치가 지금의 모습을 갖게 된 것은 100년 정도밖에 되지 않습니다. 붉은색 고추가 한반도에 들어오기 전에는 소금에 절여서 양념을 넣은 물김치와 같은 백김치의 형태였지요. 김치에 관한 기록은 중국 최초의 시집《시경》에서 김치를 의미하는 저菹에 대한 언급이 나오며 등장합니다.《여씨춘추呂氏春秋》에서 공자가 콧등이 찌푸려지도록 저를 먹었다는 기록에서도 나타납니다. 김치는 한나라를 통해서 우리나라에 들어왔을 것으로 추정되며 그 이후 독자적인 조리 방법이 생겨나면서 한국의 음식으로 정착했습니다. 이규보李奎報의《동국이상국집東國李相國集》에 따르면 초기 염장 김치는 중국처럼 '절인다'는 저가 아니라 '물에 담근다'는 의미의 지漬라고 불렸습니다. 중국의 소금에 절이는 염장 김치가 물김치와 같은 것으로 바뀌어 한국에서 정착되었다는 것을 알 수 있지요. 조선 중종에 이르러 전염병에 관한 의서인《벽온방

辟瘟方》에서 "딤채국을 집안사람이 다 먹어라"라는 구절이 나오는데, 김치의 순수 우리말인 '딤채'가 여기에서 나온 겁니다.

김치에 감춰진 비밀을 푸는 결정적 열쇠는 '김치가 익는 과정'에 있습니다. 김치를 알맞게 잘라 소금물에 절이는 첫 단계에서부터, 땅속 김칫독에서 김치가 익는 마지막 단계까지, 김치는 '발효 과학'의 정수입니다. 배추를 알맞게 잘라 소금물에 절이는 첫 과정은, 김치 담그기의 실패와 성공이 결정되는 중요한 과정이라서 소금의 양과 시간 조절에 매우 섬세한 기술이 필요합니다. 발효 단계가 이때부터 시작됩니다. 소금물에 들어 있던 효소들이 배추의 섬유질과 화학 반응을 하면서 아미노산과 젖산이 생기는 것이지요. 절인 배추의 물기를 제거하고 미나리, 밤, 잣, 굴, 오징어, 젓갈 등 각종 양념과 잘 버무리면 김치 담기가 일단락됩니다. 양념이 배추 속으로 서서히 배어들고 김칫독 안에서 차츰 발효가 시작됩니다. 엄청난 양의 유산균이 만들어지는 본격적인 발효의 단계입니다. 이 발효의 과정에서 김칫국물 속에 탄산이 생겨서 김치에 시원한 맛을 더해주지요. 어떻습니까. 김치는 처음부터 끝까지 '발효의 과학'이 만들어낸 음식이라 할만하지요?

김치 발효의 시간은 색다른 맛의 탄생을 위한 리듬과 화음, 하모니가 가득찬 시간이며, 미생물의 합창이 섬유소 사이에서 울려 퍼지는 시간입니다. 미생물의 화음을 악보로 표현한다면 엄청나게 복잡 미묘한 악보가 등장할 것입니다.

 첫 번째 식탁: 철학이 담긴 우리 전통 음식

김치 발효의 시간, 리토르넬로의 시간

　김치는 발효 과정에서 미생물이 살아 움직일 시간이 필요한 음식입니다. 그래서 김치를 먹는다는 것은 미생물을 장에서 활성화시키고 장을 춤추게 하는 시간과 같습니다. 김치의 발효 시간을 형상화할 수 있는 도구가 있다면, 반음계와 온음계, 리듬과 박자로 미생물의 춤과 노래를 그려낼 수 있을지도 모릅니다. 리토르넬로(후렴구)라는 단어는 시간의 차이 나는 반복 현상을 밝히는 개념으로, 시간이 갖고 있는 독특한 화음을 담고 있습니다. 우리가 일을 하거나 일상을 살아가고 낮과 밤의 운행에 따라 생활할 때, 삶은 단순한 반복 강박이 아니라 일정한 화음과 리듬에 따라 움직입니다. 마치 추임새를 넣어 리듬을 주듯이 후렴구인 리토르넬로 현상이 나타납니다. 김치가 장독대에서 발효되는 과정은 단순한 반복 강박이 아니라, 그 속에는 미생물과 같은 생명체의 화음이 숨어 있습니다. 하모니로 가득찬 시간이며, 온몸이 들썩들썩해지는 시간입니다. 일상의 시간이 지긋지긋한 반복이라고 중얼거리는 사람도 있을지 모릅니다. 매일 반복되는 출퇴근, 낮과 밤, 세 끼의 식사 속에서 어떤 화음도 발견할 수 없다고 읊조리는 사람에게 리드미컬한 삶의 화음을 선사하기 위해서는 생명의 춤과 화음을 느낄 수 있는 시간이 필요하지요.

　리토르넬로라는 개념을 창안한 사람은 들뢰즈와 가타리입

니다. 두 사람은 시간이 차이 나는 반복 현상을 보이면서 화음과 리듬을 갖는 것에 주목했습니다. 리토르넬로로 인해 각각 차이 나는 존재들이 와해되고 해체된 상태로 남는 것이 아니라 시간에 화음을 부여함으로써 일관된 흐름을 부여하고 자신의 영토성을 갖게 됩니다. 좀 어려운 개념이라고 생각하면 한없이 어려워지는군요. 한번 떠올려보죠. 어떤 어두운 영토를 걸어가는 아이가 두려움을 잊기위해 목적지로 향하며 노래를 부르면서 소리 영토를 만드는 것을 상상해볼 수 있습니다. 아이의 소리 영토는 또 다른 시간의 구성이며 색다른 영토입니다. 또 가정 주부가 라디오를 틀어놓고 반복되는 가사 일에 화음을 부여하는 것도 리토르넬로 현상입니다. 리토르넬로라는 개념을 통해서 삶을 살아가는 시간이 선형적이고 무료한 반복이 아니라, 각각 서로 다른 존재의 다채로운 화음이 서로 어우러지는 것을 알 수 있습니다. 과거, 현재, 미래 또는 노동자, 시민, 학생, 아이가 공존하는 것이 화음의 뒤섞임에서 가능합니다. 화음의 뒤섞임은 시간의 뒤섞임입니다. 리토르넬로는 시간이 하나의 선율이 아니라 마치 눈 결정체처럼 퍼져나가고 흩어지면서 화음의 대역폭을 전달하고 뒤섞인다는 것을 보여줍니다. 그래서 시간의 실존은 곧 리토르넬로 즉, 화음에 달려 있는 것입니다.

시간에 대한 철학을 말할 때 독일의 정신분석학자 프로이트가 말한 반복 강박증을 먼저 언급해야 할 것 같습니다. 프로이트

    첫 번째 식탁: 철학이 담긴 우리 전통 음식

가 유아기의 아이들이 얼굴을 보였다가 안보였다 하는 '있다-없다' 놀이를 반복적으로 '우우우우' 하면서 웃거나 반응하는 것에 주목했습니다. 프로이트는 이 '있다-없다' 놀이를 어머니와 같은 존재의 부재와 결핍으로 인한 두려움으로 설명합니다. 그래서 반복 강박 현상의 배후에는 그 존재가 죽을지도 모른다는 두려움이 있다고 설명했지요. 그러나 들뢰즈와 가타리는 프로이트의 해석을 완전히 뒤집습니다. 오히려 아이가 '우우우우' 하면서 웃거나 반응하는 이유는 새로운 존재가 자신의 눈앞에 등장하기 때문에 생성과 창조의 반응으로 봐야 한다는 겁니다. 그래서 죽음의 공포를 의미하는 부재와 결핍 대신에 생성과 창조의 시간을 구체화할 필요가 생겼습니다. 반복 현상은 매 시기 죽을지도 모른다는 두려움이 반복되는 것이 아니라, 매 순간 새로운 생성과 긍정의 계기기 니타나는 것입니다. 이러한 차이 나는 반복의 시간 개념이 바로 리토르넬로입니다.

우리가 살아가는 모든 시간은 생명의 춤과 노래가 창조와 생성, 긍정의 하모니를 만들어내는 리토르넬로의 시간입니다. 특히 동물의 리토르넬로는 인간의 노래보다 더 발전되어 있습니다. 새가 자신을 표현하는 노래 방법은 무려 수만 가지로 인간의 언어를 능가합니다. 새들의 화음, 성량의 풍부함, 소리 변환과 음조, 박자 변화의 양상은 놀랍고 신기합니다. 시간은 이 리토르넬로에 의해서 마치 어떤 리듬과 박자를 가진 것처럼 구성됩니다. 활기

넘치는 청년 시절엔 삶의 활력으로 충만해서 매일매일이 노래와 춤으로 가득하지요. 그 시간은 매우 강렬합니다.

리토르넬로는 집단에서도 나타납니다. 힘들고 고달픈 일을 할 때 부르는 노동요처럼 하나의 집단은 마치 성좌와 같이 자신의 배치를 만들고 화음을 내뿜습니다. 거리에서 만나는 노동자

   첫 번째 식탁: 철학이 담긴 우리 전통 음식

와 농민, 빈민, 철거민들이 만들어내는 노랫소리와 박자, 리듬에서 이를 느낄 수 있습니다. 특히 농민의 가락과 박자, 리듬과 노동자의 박자와 리듬은 많이 다릅니다. 농민의 경우에는 자연의 순환과 교감이 가락과 박자 속에 들어가 있었지만, 노동자의 경우 도시와 기계장치의 속도에 따라 박자와 화음이 생깁니다. 이러한 집단의 리토르넬로는 인간만의 것이 아닙니다. 산에 들어가 야영을 해본 적이 있으신가요? 야영을 해보면, 산 속 수많은 벌레들이 만들어내는 엄청난 화음을 들을 수 있습니다. 엄청난 리듬과 화음은 신디사이저의 음색처럼 여러 가지의 기계음들이 하나로 합성되어 나타나는 음색과 같습니다. 하나의 진동자가 공명해 다른 진동자를 울리고, 그 울림에 떨림으로 반응하듯이 수많은 진동자가 한꺼번에 울리는 상황도 연출되지요. 리토르넬로의 신비함을 느낄 수 있습니다. 김치 속에 미생물들이 만들어내는 리토르넬로가 음악으로 표현된다면 어떨까요? 수만 마리의 미생물들이 진동자로 울리고 신디사이저의 합성음이 된다면 어떨까요? 생각만 해도 멋진 일입니다.

김치의 리토르넬로가 필요한 시대

2010년 가을, 갑자기 김치 대란이 일었습니다. 배추값이 폭

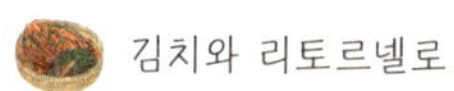

등하자 장바구니를 든 주부들이 놀라서 시장에서 발을 동동 구르는 장면이 연일 방송되었습니다. 이런 사태가 나게 된 배경에는 기후 변화와 4대강 정비 사업으로 농지가 줄어든 상황도 영향을 미쳤습니다. 이렇게 갑작스럽게 농산물 가격이 인상됐을 때, 희소가치에 의해 가격이 올라가는 경쟁적 시장경제가 아니라 조합원 간의 신뢰와 믿음에 의해 생산하고 공급하는 협동 시스템인, 지역생활협동조합이 아주 톡톡히 힘을 발휘합니다. 협동조합이라는 집단의 리토르넬로는 무자비한 경쟁의 법칙이 지배하고 있는 시장 속에서 협동과 연대, 협력의 화음을 만들어주지요. 김치를 담그면서, 자본주의 경제가 만들어낸 시장의 반복 강박이 아니라 협동조합과 같은 공동체 경제의 리토르넬로에 따라 움직인다는 것이 어떤 의미를 갖는지 생각해보는 것은 어떨까요? 김치 발효가 갖고 있는 리토르넬로의 시간은 나눔과 협력의 시간이기도 합니다.

김치는 각 지역별로 독특하게 만들어져왔습니다. 각각의 지역이 갖고 있는 고유한 리토르넬로는 지역 특색을 갖춘 김치로 나타났습니다. 지금이야 교통과 통신이 발달해가면서 그 차이가 점점 사라져가고 있지만, 지역마다 다른 화음과 리듬은 그 지역 삶의 시간이 매우 다르며 차이 나는 반복을 만들어낸다는 것을 의미합니다. 김치의 경우를 보자면 북쪽 지역은 고춧가루를 적게 쓰는 백김치가 발전한 반면, 호남 지역은 매운 김치, 영남 지역은

짠 김치가 특색입니다. 그리고 중부와 북부 지방은 새우젓과 조기젓을 쓰지만 남부 지방에는 멸치젓과 갈치젓을 많이 씁니다. 지역 고유의 맛이 있다는 것은, 지역 고유의 리토르넬로가 있다는 것입니다.

김치의 리토르넬로에 영향을 준 사건은 6·25전쟁이었습니다. 그전까지는 지역 간 왕래가 그렇게 빈번하지 않아 지역마다 고유의 맛과 시간의 화음인 리토르넬로를 지킬 수 있었는데, 피난의 행렬은 서로의 맛을 비교하고 교류하게 되는 계기였습니다. 이러한 비극적인 전쟁은 지역 고유의 맛을 뒤섞이게 만들었습니다. 지역의 리토르넬로 역시 동란 중에 온통 파괴되고 회복되기 어려워졌습니다. 피난 간 사람들은 다른 지역의 김치의 맛을 보고 배우고 비교하였지요. 그래서 전라도에서도 백김치를 담고, 북한 사람들도 전라도 매운 김치를 담글 수 있게 되었습니다. 그 이후 지역의 리토르넬로를 더욱 심각하게 파괴했던 것은 고속도로와 미디어의 발전 때문이었습니다. 이를 통해 지역 고유의 시간은 통합되고, 일반화되기 시작했지요. 그전에는 표준화된 김치의 모델이 없고 지역의 리토르넬로에 따라 각기 다르게 만들었으나, 이제는 미디어를 통해서 일정하게 규격화된 맛이 되기 시작한 겁니다. 지역의 리토르넬로는 맛의 리토르넬로이며, 맛이 갖고 있는 가락, 화음, 박자, 리듬입니다. 88올림픽 기간 동안 한국의 김치는 한국의 리토르넬로를 알리는 음식이 되었습니다. 세계 각지의 사람들은 김치를 맛보고 독특한 한국의 리토르넬로에 심취했습니다. 외국 사람들에게 김치의 맛은 동양의 변방에 있는 작은 나라가 갖고 있는 지역성의 고유성과 리토르넬로를 느낄 수 있게 했을 겁니다. "원더풀!" 하는 감탄사가 연발하여 나오는 것은 미국인들이 느껴보지 못했던 발효의 시간, 리토르넬로의 시간이 있었기에 가능했습니다.

가장 지역적인 고유성이 드러나는 음식이 가장 세계적인 음식입니다. 각각 다른 생활 방식과 삶의 시간을 가지면서 리토르넬로를 달리하고 있다는 점에서, 맛의 이색적인 만남은 지역 고유의 맛이 살아있을 때 가능하기 때문이지요. 지금처럼 햄버거, 콜라 등 스테레오타입화된 입맛이 지배하는 세상에서는 지역 특유의 리토르넬로는 끊임없이 사라져가고, 맛의 이색적인 향연이 가능하게 될 특이한 삶의 리듬은 실종됐습니다. 똑딱거리듯 반복되는 시간표와 일과표는 반복 강박과 같이 특이한 삶을 살아갈 수 있는 시간의 배치를 잠식해 들어갑니다. 아주 특이한 리토르넬로가 가장 아름답고 이채롭고 세상을 다양하게 만들기 때문에 우리는 김치의 리토르넬로와 같은 시간을 많이 만들어야 합니다.

　　　　첫 번째 식탁: 철학이 담긴 우리 전통 음식

김치의 리듬 속으로

우리에게 김치란 어떤 음식일까요? 맛의 화음, 맛의 리듬과 박자, 맛의 가락, 맛의 리토르넬로입니다. 한국인들에게 김치 없이는 못 산다는 얘기는 당연히 나올 수밖에 없습니다. 우리가 살아왔던 역사적인 시간의 화음을 수천 년 동안 간직해온 리토르넬로이기 때문입니다. 김치 속에는 미생물들의 춤과 노래가 숨어 있습니다. 이제는 세계인의 입맛을 사로잡는 음식이 되었지만, 그렇게 되기까지 오랜 기간 동안 숙성되어온 맛의 비결과 역사가 숨어 있습니다. 자본주의 세상은 "빨리, 빨리"를 외치면서 속도와 경쟁의 반복 강박만을 우리의 뇌리에 심어주려고 합니다. 그러한 자본주의로부터 잠시 벗어날 수 있는 시간은 김치의 맛을 느껴보는 시간일 겁니다. 김치에는 태곳적 음색이 숨어 있고, 우주의 시간을 간직한 미생물들의 원시적인 화음이 있습니다.

김치의 생성과 창조의 시간은 리듬과 화음으로 가득한 시간이며, 각각의 고유한 리듬과 화음은 독특한 맛의 향연으로 나타납니다. 그래서 리토르넬로 현상은 맛에서도 나타나며, 김치의 리토르넬로는 미생물 발효의 시간이 갖는 리듬, 가락, 박자, 화음인 것입니다. 이 독특한 화음은 지역 고유의 시간에서 비롯된 고유한 맛을 만들어냈으며, 지금은 세계인에게 한국 고유의 맛의 리토르넬로를 선사하고 있습니다. 김치가 만들어낸 맛의 향연,

삶의 화음 가득한 저녁 식탁이 준비되었다면 가장 아름다운 맛의 노래가 들리는 식사를 즐길 시간입니다. 장 속에서 뛰어노는 미생물의 노랫소리와 그 화음이 만든 리토르넬로를 생각해보세요. 그것을 느끼는 것은 오케스트라의 협주곡이 울려퍼지는 가운데서 식사를 하는 것과 같습니다. 참 멋진 김치의 리토르넬로의 시간입니다. 우리에게는 김치가 있고, 생성과 창조, 화음과 리듬이 있습니다.

잡채와 다양성 차이와 다양성의 향연

잡채와 민주주의

잡채를 떠올리면 분주한 잔치와 떠들썩한 파티의 이색적인 화려함이 연상됩니다. 잡채 속 야채는 야채대로 씹히는 질감이 살아 있고 당면은 당면대로 달작지근하고 꼬들꼬들한 맛을 느낄 수 있으면서도, 한편으로는 각 재료들의 맛이 조화롭게 섞여서 또 하나의 새로운 맛을 창조합니다. 단조롭고 단순한 일상을 색다른

'차이와 다양성의 향연'으로 만들어주는 잡채는 여럿이 만나서 새로움을 창조할 수 있다는 것을 몸소 보여줍니다. 이 맛이야말로 "다양성의 맛!"이라고 할 수 있지 않을까요? 이따금 특별한 날 잡채를 먹는다는 것은 평소에 피아노나 바이올린 단독 공연만 가던 사람이 오케스트라 협주곡을 듣는 것과 같습니다. 야채 각각의 맛의 조합과 당면의 질감이 만나서 시너지 효과를 발휘하면서도, 단순한 조합 이상의 색다름을 만드는 잡채를 잔치하는 기분으로 함께 음미해봅시다.

잡채雜菜는 여러 개가 채 썰어져 있다는 의미라기보다는 '여러 가지 채소'라는 의미입니다. 다시 말해 '잡다한 채소'의 줄임말이라고나 할까요? 저처럼 통합, 동일성, 통일의 원리보다 다양, 복수의 원리와 같은 잡다雜多한 얘기를 좋아하는 사람에게는 더없이 어울리는 음식입니다. 하지만 헤겔과 같은 동일성의 철학자들에게 있어서 잡채는 해석 불가능한 원리를 갖고 있을지도 모르겠군요. "헤겔 선생! 다양성의 맛, 잡채 한번 드셔보시죠!"하며 한번 권해보고 싶은 생각마저 듭니다. 다양한 사람들에게 행동 통일과 사상 통일을 얘기하는 사람들은 거의 다 어떤 중심된 원칙을 설정하고 그것으로부터 벗어나는 잡다함에 대해서 금지나 규제 같은 영향력과 헤게모니를 행사하려 듭니다. 그런 의미에서 동일성의 철학은 전체주의와 독재적 권력의 사상으로 향할 요소를 내부에 갖고 있습니다. 고기와 당면만 들어간 잡채를 떠올려

          첫 번째 식탁: 철학이 담긴 우리 전통 음식

봅시다. 이런 잡채는 다양성이 느껴지는 것이 아니라, 돼지고기와 쇠고기의 맛이 모든 다른 맛을 지배하려 듭니다. 고기가 맛의 다양성을 파괴하고, 음식의 중심에 자리 잡는 것에 대해서 경각심을 가져보는 것은 어떨까요? 육류가 공장식 축사에서 살아가는 생명의 절박함의 문제며 환경을 파괴하는 문제점을 갖고 있다는 점에서도 그렇지만, 고기로 인해 밥상의 다양성이 깨진다고 볼 수도 있기 때문입니다. 고기가 밥상에 올라가면 다른 반찬들이 고기 반찬을 위한 들러리 같다는 생각을 해본 적 없으신가요? 그야말로 고기 중앙 집중식 밥상이라고 할 수 있지요.

동일성의 철학을 구사하는 사람들은 차이를 아주 사소한 것으로 보며, 서로 다르다는 것은 아주 사소한 문제라고 얘기합니다. 계급적 통일, 민족적 통일을 최우선적인 과제로 보는 사고를 전개하다보면 성, 나이, 학력, 지역, 국적, 인종, 장애 등의 차이의 여부는 그렇게 중요하지 않게 됩니다. 동일성의 철학을 주장하는 사람들은 "다름을 인정하면 어떻게 공통의 목소리를 낼 것이며, 하나로 뭉칠 수 있는가?"하고 반박합니다. 그러나 민주주의의 기본 전제는 차이 나는 다양한 시민을 전제로 합니다. 민주주의는 그들이 각기 다른 목소리를 내면서도 처음의 다름과 아주 다른 새로운 다름을 만들 수 있는가의 여부를 타진하던 인류가 개발한 정치적 시스템이자 실험이라고 할 수 있습니다. 그러므로 이런 민주적 과정의 차이와 다양성 생산의 능력을 신뢰하지 않는다면 결국 전체주의와 독재로 흐를 수밖에 없습니다.

차이를 차별로 만드는 사회

차이와 다양성을 철학적으로 사유했던 사람은 독일 철학자 라이프니츠입니다. 혹시 철학 입문 강의를 들어본 적이 있다면, 빠짐없이 등장하는 스피노자의 '일원론', 데카르트의 '이원론', 라이프니츠의 '다원론'에 관한 기억을 더듬어봅시다. 스피노자는 '신 즉 자연'이라는 범신론의 원리를 통해서 세상을 내재적인 자기 원인으로 설명했고, 더 나아가 세상을 자기 보존의 욕구 즉, 코나투스conatus라는 욕망의 작동으로 보았습니다. 사실 데카르트주의자들과 같이 정신과 신체에 대한 이분법적 사고를 전개하는 사람들이 기성 사회에서 꽤 많기 때문에 데카르트를 이해하기란 그리 낯설지 않습니다. 문제는 라이프니츠입니다. 라이프니츠에게 세상을 움직이는 것은 각각의 가장 작게 분할되고 개별화된 단자들입니다. 조금 쉽게 풀어보자면 그는 개, 고양이, 소, 돼지, 사슴과 같은 동물이나 꽃, 나무, 풀 등의 식물에 각각 단자라는 영혼이 있다고 말합니다. 라이프니츠는 동식물에도 영혼이 있다는 단자론을 전개함으로써 사실상 인간이 중심이며, 인간만이 영혼이 있다는 근대의 생각으로부터 벗어납니다. 그렇다면 "왜 영혼이 있는 동물과 식물과 인간은 대화하지 못하는가?” 이런 질문에 대해서 라이프니츠는 ‘단자에는 창이 없어서 서로 연결되지 못한다’라고 응답했습니다. 그러나 라이프니츠의 다양성은 각기 따로 노는 다양성이며, 연결되지 못하는 다양성입니다. 그것은 인간이 동식물과 서로 마음의 창을 열지 못하면서도 서로의 다양성과 다름을 응시하며 안타까워하는 것을 의미합니다. 잡채를 먹을 때 각각의 채소의 맛이 조화되지 못하고 “음 이건 당면, 이건 부추, 이건 버섯” 이렇게 따로따로 흩어진 맛으로 느껴진다면 어떨까요?

‘차이의 철학’을 전개하는 사람들에게 라이프니츠에 대한 비판을 그대로 적용하는 경우가 많습니다. 이런 방식으로 비판을 받았던 사람이 라클라우E. Laclau와 무페C. Mouffe라는 신사회운동을 전개한 학사들입니다. 이들은 여성운동, 흑인운동, 장애인운동, 동성애자운동 등의 새로운 운동들이 다양하게 전개되는 것을 주목했습니다. 그 두 사람은 계급운동이 아닌 ‘다양성과 차이의 신사회운동’이 만개하는 것과 차이 나는 운동들이 어떻게 접합되는지에 대해서도 주목했습니다. 그러자 라이프니츠에 대한 비판이 유사하게 적용되었고, 그 두 사람이 차이가 어떻게 연결될 것인가를 설명하지 못한다는 비판이 뒤따랐습니다. 그리고 공통성의 문제를 슬쩍 동일성의 문제로 바꾸는 것이 이들을 비판하는 사람들의 논리에서 자주 등장하곤 했습니다. 그러나 문제의 핵심은 다른 부분에 있습니다. 차이의 철학은 차이를 인정하고 관용하자는 수준의 문제가 아니라, 서로 다르고 차이 나는 것들이 어떻게 만나서 색다른 차이를 만들 수 있느냐의 문제이기 때문이지요. 민주주의를 단순히 차이에 대한 인정이라는 정적인 합의가 아니라 차이 생산, 특이성 생산을 통해서 더 다양해지고 풍요로워져야 한다는 역동적인 프로그램으로 생각한 사람은 프랑스의 심리치료사인 펠릭스 가타리입니다.

물론 차이에 대한 철학은 질 들뢰즈가 펠릭스 가타리를 만나기 전부터 가지고 있던 기본적인 문제의식이었습니다. 들뢰즈는《차이와 반복》이라는 책에서 '모순'의 수준과 다른 '차이'의 수준을 다른 차원에서 추출해냈으며, 차이 나면서도 반복되는 현상에 주목했습니다. 그러나 들뢰즈는 차이가 어떻게 생산되고 강렬해지는지를 설명할 수 없었고, 모든 것이 차이 나는 현상을 보인다는 '차이의 형이상학'에 머물러 있었습니다. 가타리는 들뢰즈의 차이의 개념에 '욕망하는 기계'의 개념을 도입해서 강렬해지고, 반복되며, 생산되는 것으로 만들어버립니다. 가타리가 말하는 욕망하는 기계란, 차이의 문제를 정태적인 그림이 아니라 살아 움직이는 흐름의 문제로 바라보는 것이며, 이 흐름이 흐름을 가로막는 제도나 기성 사회에 맞서 다양한 출구를 찾아 사방으로 분기하는 강렬한 선이 되고 기계 작동처럼 고도로 조직되어 움직인다는 개념입니다. 욕망하는 기계 개념이 좀 어렵지요?

   첫 번째 식탁: 철학이 담긴 우리 전통 음식

이 개념은 우리가 대화하기 시작할 때 나도 아니고 너도 아닌 우리 사이에서 만들어지는 기계와 같은 작동양상을 생각해보면 조금은 쉽게 접근할 수 있습니다. 우리는 거리의 시위에서 민중들이 폭력을 행사하여 자본주의 체제를 전면적으로 부정하지 않고, 춤-기계, 노래-기계, 영화-기계, 토론-기계 등을 작동시켜 자율성을 넓혀나가는 광경을 목격할 수 있습니다. 욕망하는 기계는 사회구조를 한꺼번에 바꾸는 것이 아니라 우리 사이에서 만들어지는 자유롭지만 고도로 조직된 기계 작동을 통해서 점차 바꾸어나가는 행동 양상입니다.

아카데미를 빛낸 위대한 철학자 들뢰즈가, 고졸 출신의 별종 혁명가 가타리를 만나 완전히 타락과 방탕의 길로 들어섰다고 세간에서는 평가합니다. 들뢰즈가 차이의 형이상학을 집대성할 즈음에 갑사기 가타리를 만나서 욕망 문제를 얘기했기 때문이지요. 가타리에 따르면 차이와 다양성은 그저 주어지는 것이 아니라 욕망에 의해서 만들어져야 할 무엇입니다. 그래서 우리 사이에서의 욕망이 차이와 다양성을 생산하면 민주주의는 더 풍요로워지고 복수, 다양, 여럿의 목소리가 될 수 있습니다.

차이와 다양성을 차별로 만드는 것은 현존 자본주의 질서의 문제입니다. 수많은 곳에서 엄청난 차별이 벌어집니다. 이를테면 가타리와 같이 겨우 고등학교만 졸업하고 대학을 중퇴한 사람이 한국사회에서 발언하기란 참 힘들지 않을까 하는 생각이 듭니다.

한국사회는 성공주의와 승리주의 문화, 승자독식의 문화 속에서 소수자를 차별하고 경쟁과 비교, 선별을 통해 소수자와 다수자를 분리합니다. 이러한 경쟁사회는 시장만능주의와 신자유주의 영향력이 우리 사이에 침투해왔기 때문입니다.

차이를 차별로 만드는 질서가 있는 한, 미시적인 파시즘은 우리 안에 똬리를 틉니다. 소수자를 분리하고 차별하고 배제하는 것이 아니라, 소수자의 입장에서, 소수자를 사랑하며, 소수자가 되어보는 실험이 필요합니다. 오히려 소수자는 사회적 약자나 양적인 소수의 의미를 갖는다기보다는 자신의 특이성을 통해서 공동체를 풍부하게 만들고 색다른 차이를 만들 수 있는 능력을 가진 사람이라고 봐야 할 것입니다. 다른 목소리들이 조각조각 이어지고 서로 연결되어 색다른 무엇을 만드는 뇌 폭풍의 과정을 즐길 줄 알아야 합니다. 우리 사이에서 차이가 생성되는 것은 어떤 다른 욕망이 흐름을 갖기 시작했다는 것이고 우리들의 배치가 달라지며, 우리가 세상을 달리 보기 시작했다는 것을 의미합니다. 차이, 다양성의 꽃들이 흐드러지게 피는 세미나를 열고 공동체를 만들어보는 건 어떨까요?

 첫 번째 식탁: 철학이 담긴 우리 전통 음식

우리의 삶을 축제로 만들고 싶다면?

　　잡채는 17세기 조선시대 광해군이 집정했던 시대에 등장했습니다. 잡채가 얼마나 광해군의 미각을 사로잡았는가 하면, 이를 만들어서 진상한 이충이라는 사람이 좌의정까지 벼슬을 하게 되었을 정도였습니다. 그래서 세간의 무명 시인은 "잡채 상서의 세력을 당해낼 수 없구나!(임금에게 잡채를 만들어 바친 호조판서 이충의 권력을 당해낼 자가 없다)"라고 혀를 끌끌 찼다고 합니다. 그것이 어찌나 맛있던지 광해군은 이충이 보내준 잡채가 없으면 수저를 들지 않을 정도였다고 합니다. 그 당시의 잡채는 현재의 잡채와는 많이 다른 맛이었습니다. 광해군이 반해버린 그 이색적인 맛의 비결에 식초가 있지 않았나 하고 후대 사람들은 추정합니다. 잡채를 만든 사람이 벼슬아치가 되었다는 역사적 기록은 당시에 잡채가 얼마나 획기적이고 파격적인 음식이었는가를 알려줍니다. 당시 왕들은 야채에 밀죽을 뿌려 먹던 상황이었는데, 그 맛은 아마 곤혹스러운 맛이었을 것입니다. 잡채의 채소 구성과 맛을 내는 양념의 차이는 임금님도 놀라게 했을 것입니다. 잡채에 당면이 들어간 것은 20세기 초에 이르러서인데, 당면은 고구마 전분으로 만들어졌으며 화교들에 의해서 생산되었습니다. 당면은 그 이름 그대로 당나라에서 유래되었다는 걸 알 수 있지요. 초기에는 당면이 아주 소량만 생산되었기 때문에 당면 공장이 1919년 황해

　　　　　　　첫 번째 식탁: 철학이 담긴 우리 전통 음식

도 사리원에 생기기 전까지는 우리나라에서 이 당면을 구한다는 것은 쉬운 일이 아니었습니다.

잡채가 잔치에서 빠질 수 없는 음식인 것은 그 잔치가 잡채의 다양성처럼 다양한 사람들로 풍부해졌으면 하는 사람들의 바람인지도 모릅니다. 잔치, 축제, 파티는 잠깐 동안이지만 그처럼 다양한 음식과 수많은 사람들이 한 자리에 모였다는 기억은 계속되는 것 같습니다. 다양한 사람들 속에 있기 때문에 그 잔치가 특별해지는 법이지요.

잡채는 여러 가지 야채들과 당면이 서로 다른 각각의 고유의 맛을 지켜내면서도 그 다름이 아주 색다른 맛으로 어우러지기 때문에 의미가 있습니다. 잡채를 한마디로 정의해보자면 '다양성 생산의 음식'이라고 할 수 있습니다. 우리 삶에 있어서도, 다양함이 차별이 아니라 축제가 될 수 있도록 수많은 다양이 생산될 수 있는 관계 맺음을 만들어나가는 것이 필요합니다. 차이나는 것이 신기하고, 어색하고, 부자연스러운 것이 아니라 차이를 통해서 아주 다른 지평, 언어, 행동을 만들어나가는 것이 가능하며 그것이 민주주의를 풍요롭게 할 것입니다. 잡채는 다양성의 잔치, 축제, 연회, 파티의 음식입니다. 그래서 다양성과 우리는 가깝고, 잡채를 통해서 자주 우리는 다양성과 접속할 수 있습니다. 우리의 삶을 축제로 만들고 싶다면 잡채와 다양성의 미학을 오늘 저녁식사에서라도 시작해보면 어떨까요?

된장찌개와 변용

콩의 변용이 만들어낸 예술품들

언제 어디서나 된장찌개는 만족감과 포만감, 푸근함을 주는 음식입니다. 예나 지금이나 한국인의 밥상에서 된장찌개만큼 한결같은 사랑을 받아온 음식도 흔치 않을 겁니다. 어린 시절 골목을 뛰며 저녁 늦게까지 놀다보면 어느덧 밥 익는 냄새와 된장찌개 냄새가 골목골목마다 가득 퍼졌고, 얼마 안 있어 어머니가 우리

 첫 번째 식탁: 철학이 담긴 우리 전통 음식

를 부르는 목소리가 들려오곤 했습니다. 사람들에게 어머니 사랑을 음식으로 표현하라고 한다면, 아마 된장찌개를 꼽는 사람이 가장 많을 것입니다. 된장찌개는 생각만 해도 따뜻함과 부드러움, 사랑의 이미지와 함께 토속적인 냄새가 머릿속에 그대로 그려지기 때문이지요. 그러고 보면 된장찌개는 콩을 위한, 콩에 의한 음식이라고 할 수 있습니다. 다채로운 모습으로 변화하고 제 각각 다른 맛과 느낌으로 다시 태어난 콩이 된장찌개 속에 가득 들어 있으니까요. 그 속에 콩으로 만든 된장과 두부가 듬뿍 들어있다면 더욱 그렇습니다. 시작은 작은 콩이었으나 콩이 다양하게 변화하고 결합하여 누구도 예상치 못한 새로운 맛 '된장찌개'로 탄생하는 겁니다.

한국인들에게 콩은 특별한 의미를 갖습니다. 콩은 역사적으로 약 5000년 전부터 아주 오랫동안 인간이 재배해온 작물이며, 그 원산지가 만주와 한반도입니다. 그래서인지 한국 사람에게 콩은 특별한 음식의 재료이며, 주된 단백질 공급원이었습니다. 선사 시대의 우리 강토였던 부여국은 콩의 명산지였습니다. 그리고 《삼국사기》에 메주에 대한 기록이 있는 것으로 보아 발효 식품인 된장이 삼국시대부터 이미 시작되었음을 알 수 있습니다. 콩의 신비로움은 성장 과정에서부터 예사롭지 않습니다. 콩은 아무리 척박한 땅이라 하더라도 뿌리에 기생하는 박테리아가 공기 중의 질소를 고정하여 공급하기 때문에 질소 거름이 필요하지 않습니다.

그래서 지력을 유지하면서 2모작을 할 때 콩 재배가 선호되었습니다. 콩은 삶아 먹고, 콩밥으로 만들어 먹고, 콩자반, 엿, 두부, 비지, 된장, 간장, 콩나물, 콩기름, 두유 등으로 자신의 모습을 변용시켜 다양한 음식물이 됩니다. 집에서 직접 두부를 만들어보신 적 있으신가요? 시간은 조금 걸리지만 콩을 불리고 갈아서 직접 만든 두부는 아침을 풍요롭게 만들고 새로운 상상력을 줍니다. 특히 두부를 직접 만들다보면 간수의 양을 조절해서 더 부드럽게 먹거나 좀 단단하게 만들어 먹는 등의 선택이 가능합니다.

된장soybean paste은 콩을 익혀 덩어리로 만들어 메주로 만들고, 그것을 소금물에 담가 재래 간장을 만들고 난 다음에 건져낸 덩어리를 말합니다. 된장은 우리나라의 대표적인 발효 식품으로, 완전식품에 가까우며 항암 효과도 있습니다. 콩의 발효는 오래 전부터 한국인들이 개발해온 지혜로움의 산물입니다. 대두 발효 식품인 된장은 한국인들의 밥상에 없어서는 안 될 베이직 아이템이며 된장찌개의 맛을 내는 가장 중요한 재료입니다. 된장에 대해서 더 살펴보면 된장이 대표적인 슬로푸드로 아주 천천히 발효되고 숙성되는 과정을 겪는다는 점도 주목해야겠지만, 된장 자체가 공장식 된장을 제외하고는 로컬푸드로서 지역에서 생산된 대두를 원료로 하여 그 지역에서 만들어지고 소비된다는 점도 중요합니다. 콩의 주산지였던 한국에서 된장이 역사적으로 탄생한 것은 약 3세기경으로 추정됩니다. 대두가 주로 생산되었던 만주

     첫 번째 식탁: 철학이 담긴 우리 전통 음식

의 고구려인들에 의해 만들어지기 시작했다고 전해집니다. 문헌상으로는 《삼국사기》 중 "폐백이 15수레, 쌀, 술, 기름, 꿀, 포, 식혜를 비롯하여 간장, 된장 등이 135수레"라는 구절에서 처음으로 등장합니다.

콩이 변용되면서 된장이 되고 두부가 되고 콩나물이 되는 과정은 이색적이며 다채롭습니다. 이 변용의 과정 중에서도 특히 된장에 주목해야 하는 이유는 발효가 음식의 변용에 아주 중요한 위치를 차지하고 있기 때문입니다. 발효는 천천히 다른 것이 되어가는 과정입니다. 된장의 어원에서 '되다'는 '반죽이나 밥이 심하게 빡빡하게 되다' 혹은 '몹시 심하거나 모질다'라는 의미에서 유래한 것입니다. 된밥, 된죽, 된장 등이 파생어인 것을 보면 옛사람들은 된장을 발효를 통해서 부드럽게 변용되는 과정보다는 응고되고 결정되어 덩어리지는 과정으로 본 것 같습니다. 그러나 잘 생각해보면 된장의 발효는 변용의 과정인 '무엇가가 되는' 과정으로 재해석해볼 수 있습니다. 변용의 과정으로서의 '되다become'라는 의미로 말이지요. 이렇게 굳이 재해석하고자 하는 이유는 콩의 변용이 만들어내는 '되기becoming'의 과정이 더 재미있다고 보기 때문입니다.

변용은 사랑의 다른 말이다

콩이 된장이 되는 과정을 부드러운 흐름과 같은 변용이라고 언급했는데, 변용이라는 개념을 처음으로 사용한 사람은 네덜란드 별종 철학자 스피노자입니다. 스피노자는 정서affect와 변용affection을 구분하면서, 어떤 흐름이 발생하는 것을 설명했습니다. 스피노자가 필생의 역작으로 썼던 《에티카》의 각주에서 변용은 신체가 외부의 물체를 만나 딱딱하거나 부드럽게 되는 것으로 설명하고 있습니다. 여기서 변용은 되기becoming로 나타나는데, 어떤 사람이 말 발자국을 본다면 말 되기와 마부 되기 등의 과정으로 나아가면서 신체 변용의 흐름을 갖게 된다고 합니다. 변용처럼 신체가 어떤 급격한 변화를 겪고 그러한 상태로 되는 과정은 사랑의 혼란스럽고도 오묘한 과정과도 같습니다.

스피노자의 '변용'이라는 개념은 기쁨이나 슬픔과 같은 정서의 변화와 마찬가지로 신체가 변화할 수 있다는 것을 말합니다. 스피노자는 사랑과 변용의 역능(민중적 능력)에 의해서 혁명이 가능하다고 믿었던 근대의 철학자이자 혁명가였습니다. 삶의 미세하고 작은 영역에서 홀연히 변화가 생기는 것은 마음이 알기 전에 몸이 먼저 알고 신체가 변용되어서 일지도 모릅니다. 우리가 자전거를 탈 때 '자전거 되기'라는 변용을 하고, 말을 탈 때 '말 되기'라는 변용을 하고, 자동차를 탈 때 '자동차 되기'라는 변용

 첫 번째 식탁: 철학이 담긴 우리 전통 음식

을 하는 과정을 생각해보면 좋을 것 같습니다. 사람들은 몸이 바뀌는 것을 많이 체험합니다. 또한 사랑의 부드럽고 달콤한 에너지는 몸을 바꾸어버립니다. 첫사랑의 떨리는 기억처럼 사랑의 체험은 자신의 몸을 바꾸고 완전히 다른 사람으로 만들어버립니다. 그래서 변용은 사랑과 동의어인 것입니다.

책은 매 시기마다 다르게 읽히고 다른 강조점을 갖습니다. 대학원 시절, 들뢰즈와 가타리를 읽으면서 다시 스피노자의 《에티카》를 읽었을 때는 변용과 되기에 강조점이 찍혔습니다. 들뢰즈와 가타리는 스피노자주의적 전통을 계승하여 그 욕망론과 변용이론을 자신의 방법론으로 삼았습니다. 특히 철학사를 30년 동안 공부했던 들뢰즈는 니체와 스피노자, 베르그송 등 이단적인 철학의 노선에 주목했습니다. 그러나 니체의 권력 의지와 스피노사의 역능 사이의 공통분모에 주목하고 이를 합성시켰던 질 들뢰즈와 달리, 펠릭스 가타리는 니체에 타협하지 않는 스피노자주의를 전개했습니다. 사실 이 두 철학적 태도는 아주 중요합니다. 만약 들뢰즈가 니체 사상을 수용하지 않았다면, 들뢰즈에 대한 아카데미의 수용도 불가능하기 때문입니다. 왜냐하면 들뢰즈가 니체를 받아들였기 때문에 지식인이 가치판단을 자유롭게 할 수 있는 객관적이고 초극적인 위상을 가질 수 있다는 아카데미의 자기 정당화 논리가 가능해진 것입니다. 반면 대학과 정신분석학에서 뛰쳐나온 가타리의 사상은 모든 고정관념을 배제하는 실천

가가 필요로 하는 전략 지도를 의미하며, 신학과 아카데미로부터 벗어나 자유로운 사상을 전개했던 스피노자의 이단성을 직접적으로 계승한 것입니다. 이런 면에서 최근 세기에서 스피노자와 가장 유사한 생각을 품은 사람을 들라고 하면 단연 펠릭스 가타리를 꼽을 수 있습니다. 《카오스모제》, 《기계적 무의식》 등의 저작에서 드러난 그의 사상은 사랑과 변용을 통해서 세상을 변화시키겠다는 스피노자의 사상을 더욱 발전시킨 《에티카》의 21세기 버전이라고 할 수 있습니다.

변용을 소수자 되기와 발효의 관점에서 보다

어릴 때는 되고 싶은 것들이 참 많습니다. 누구나 무언가가 되고 싶다고 생각하는 것은 나이가 들어도 계속됩니다. 공무원이 되고 싶은 사람도 있고, 엄마가 되고 싶은 새댁도 있고, 아마추어 사진작가가 되고 싶은 회사원도 있고, 작은 가게의 사장님이 되고 싶은 배달원도 있습니다. 그러나 '되기' 중에서도 성공과 승리를 향하는 되기와는 조금 다른 색깔과 무늬를 가진 되기가 있습니다. 저는 그것을 된장의 발효 과정과 같은 '소수자 되기'라고 생각합니다. 성공을 향해 질주하는 사람들은 낮은 곳에서 살아가며 내부로부터 발효된 구수한 향기와 맛을 쉽게 망각합니다.

성장주의자들은 보다 빨리하라고 말합니다. 그러나 된장은 천천히 발효되며 오랫동안의 기다림의 미학을 품고 있습니다. 성장주의자들은 1퍼센트의 승리와 성공을 위해서 99퍼센트의 패배를 전제로 합니다. 그러나 된장은 모든 사람에게 원하는 맛을 즐길 수 있게 합니다. 경쟁하지 않고 진정한 삶의 가치를 알아가며 자신만의 맛과 향기를 갖게 되는 사람이 바로 소수자입니다. 소수자는 양적으로 소수가 아니라 자신의 특이함을 드러내는 사람들입니다. 경쟁은 대부분 낙오자와 패배자를 양산하는 사회 시스템입니다. 그러나 진정한 삶의 향기는 경쟁주의와 시장만능주의에 있지 않고 삶의 오래된 내면의 발효에 의해서 달성됩니다. 사람들 속에서 천천히 발효되고 낮은 곳에 살아가는 소수자 속에 된장찌개의 구수하고 진한 의미가 담겨 있습니다. 소수자 되기는 성공이 아니라 낮은 곳을 향하는 되기이며, 정말로 절박하게 낮은 곳에서 살고 있는 어린이, 여성, 장애인, 성소수자, 이주민, 새와 나무와 꽃과 같은 동식물들에게 가슴을 열어 그들과 함께 발효되는 과정입니다.

된장처럼 발효는 생명 모두가 갖고 있는 효소 작용이며, 그것이 촉발하는 색다른 되기의 과정입니다. 모두에게 내면의 효소가 있기에 우리는 무엇이든 될 수 있는 변용의 능력을 모두 다 갖고 있습니다. 사랑과 변용은 우리 사이에 있는 내면의 효소입니다. 사랑과 욕망은 권력과 자본을 통하지 않고도, 예상치 못하고 기억에 없던 무엇인가가 될 수 있는 능력입니다. 정말 누군가를 사랑해서 누군가의 입장이 되고, 신체가 변용되는 섬광 같은 순간을 맞이하고, 그 사람의 아픔과 기쁨을 함께할 수 있습니다. 어머니가 갖고 있는 사랑의 능력처럼, 된장찌개의 그윽한 향기에서 사랑의 향기를 느끼게 되는 것도 그러한 이유에서일 것입니다. 아이가 되고, 여성이 되고, 동물이 되고, 장애인이 되고, 동성애자가 되는 것은 된장찌개가 알려주는 '되다'의 진실입니다.

아이가 되어보는 것은 아이에게 계몽시키고 가르치려는 것이 아니라 정말 세상을 창조해낼 수 있는 아이의 창조적인 능력으로 돌아가는 것입니다. 여성이 된다는 것은 여성의 부드러움을 통해서 세상을 달리 보는 것입니다. 동물이 된다는 것은 가장 절박하고 열악한 삶을 살아가는 생명의 현실에 눈을 뜨고, 생명의 존엄을 위해서 작은 행동을 시작하는 것입니다.

한 노숙인 단체에서 인문 프로그램을 진행했을 때입니다. 저는 노숙인들 앞에서 여러 가지 철학에 대해서 얘기했습니다. 그들은 작은 봇짐 하나를 들고 들어와서 열띤 질문을 하고 토론도 했으며, 저를 놀라게 하고 부끄럽게도 만드는 여러 이야기를 했습니다. 그중에서 가장 기억나는 것은 한 젊은 노숙인이 자신은 철학을 다르게 생각한다고 대뜸 얘기한 것이었습니다. 그는 "철학은 네모가 세모가 되고 세모가 원이 되고 원이 별표가 되는 것이 아닌가요?"라고 말했습니다. 그의 손에는 작은 가방이 있었고 스포츠 모자를 쓰고 있었습니다. 저는 그가 창녀, 광인, 음유시인, 부랑아와 철학을 했던 에피쿠로스의 후예라는 생각이 들었습니다. 고정관념에 사로잡혀 있는 철학이 아니라 자유롭게 철학을 하고 싶어 하는 노숙인의 철학에 금방 빨려 들어갔습니다. 그리고 그 속에서 변용을 느끼며 '우리는 모두 다 부랑아고 그래서 자유롭다'고 오랫동안 생각했습니다.

천 명의 주부가 있다면 된장찌개 끓이는 법도 아마 천 가지일 것입니다. 누구나 된장찌개 맛있게 끓이는 자신만의 비법 한 가지씩은 다 가지고 있기 마련입니다. 게다가 그 방법이란 게 대부분 말로 설명하기보다 몸으로 체득한 것이기에 단 몇 개의 문장으로 과정을 설명하기도 녹록지 않습니다. 그만큼 된장찌개는 우리 삶에 밀접히 관련되어 있는 일상의 음식입니다.

된장 발효의 시간은 변용의 시간인 것처럼, 된장찌개를 먹는 시간은 사랑과 정성이 가득한 음식과 하나 되는 시간입니다. 된장찌개처럼 사람들마다 각기 다른 요리법이 있는 음식도 없을 것입니다. 마찬가지로 우리가 사랑하는 방법, 변용되어 소수자 되기를 하는 방법은 사람들마다 제각각입니다. 가까이에서부터 나눔과 후원, 연대가 있을 수 있고, 과거처럼 현장 투신이라는 열정적인 행동이 있을 수 있습니다. '되기'는 된장찌개 맛처럼 부드럽고 구수합니다. 그래서 우리네 어머니 품처럼 따뜻한 온기가 온몸으로 밀려들어옵니다. 된장찌개가 갖고 있는 변용의 신비처럼

　　　　　　첫 번째 식탁: 철학이 담긴 우리 전통 음식

인생의 한 가운데에 서서 용기 있는 행동에 나서야 합니다. 작은 변화의 씨앗이 가져다주는 혁명처럼 발효의 느리고 천천히 가는 삶의 울림처럼 세상을 미세하게 떨리게 할 수 있는 음식, 된장찌개로부터 오늘 우리는 사랑과 혁명을 배웁니다.

두부김치와 이질생성

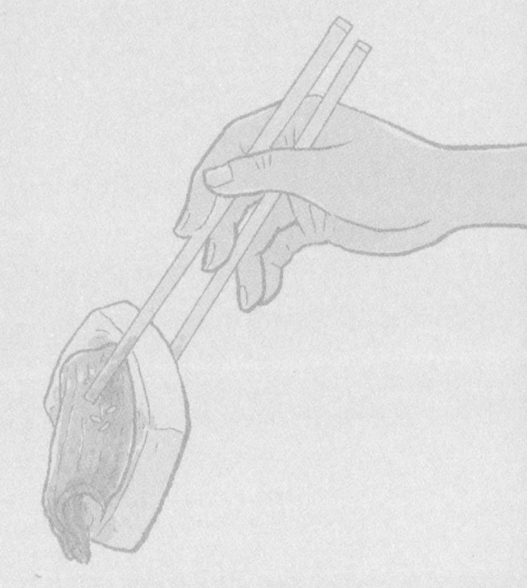

동요 <두부 장수>를 아시나요?

"땡그랑 땡그랑 종을 울리며 / 이른 아침 골목에 두부 장수 아저씨 / '두부 사려' 소리 하지 않아도 / 집집마다 아주머니들 내다보고 / 두부 한 모 주세요. (네. 갑니다) 두 모 주세요. (여기 있어요)……"

첫 번째 식탁: 철학이 담긴 우리 전통 음식

이원수 시인의 시를 노래한 동요 〈고향의 봄〉과 〈겨울나무〉는 어른이 된 지금까지도 여전히 잔잔한 감동으로 남아있습니다. 또 〈두부 장수〉도 빼놓을 수 없지요. 〈두부 장수〉 동요를 부르면 시골 어디에나 있었던 두부 장수의 '땡그랑' 소리가 들리는 듯합니다. 지금은 두부를 가게에서 팔고 있지만 어릴 적에 두부 장수가 길거리를 돌아다니면서 종소리를 울리며 구성진 목소리로 뜨끈한 두부를 팔며 돌아다니는 모습을 한 번쯤 본 적이 있을 겁니다. 김이 모락모락 올라오는 보들보들하고 뜨끈뜨끈한 두부를 한 입 먹으면 두부 장수 아저씨의 따뜻함과 소박한 나눔을 느낄 수 있었지요.

뜨끈한 두부와 알싸한 김치의 오묘한 맛을 처음으로 안 것은 대학 신입생 환영회 때였습니다. 당시 신입생 환영회 막걸리 파티에서 뜨끈한 두부김치와 시원한 막걸리의 이질적인 조합에서 낯설고 자유로운 대학 생활의 맛을 처음으로 느꼈습니다. 목구멍으로 넘어가는 두부김치는 김치도 아니고 두부도 아닌, 전혀 다른 새로운 것이었습니다. 두부와 김치의 오묘한 만남은 구수한 두부가 혀를 부드럽게 감도는 감촉에 김치의 시큼하고 맵싸하면서 달달한 맛이 뒤섞여 색다른 맛을 창조했습니다. 그것은 맛의 조화라기보다는 맛의 이질생성이라고 해야 할 것 같습니다. 완전히 다른 맛을 가진 두 음식이 만나 새로운 맛을 만들기 때문이지요.

5·18 민주화운동을 노래한 〈5월의 노래〉 가사를 보면 이런 구절이 나옵니다.

"꽃잎처럼 금남로에 뿌려진 너의 붉은 피 / 두부처럼 잘리어진 어여쁜 너의 젖가슴 / 오월 그날이 다시 오면 우리 가슴에 붉은 피 솟네……"

공수부대에 의해서 자행된 시민 학살이 '두부처럼 잘리어진 젖가슴'으로 묘사되어 있습니다. 여기서 잔혹하게 묘사된 부분은 실제로 있었던 일이며, 독재자 전두환의 사주를 받은 공수부대에 의해서 저질러져서 역사에 기록된 잔인무도한 행동 중에 하나입니다. 두부를 젖가슴에 비유한 것은 민중의 부드러움을 의미하는 것으로 의미가 이질생성됩니다. 의미의 이질생성을 통해서 민중의 부드러움을 잔인하게 난자했던 군사독재의 잔혹성을 보여주는 구절이지요.

이질생성으로 자본주의에서 벗어나기

이질생성은 서로 다른 것이 만나서 기존에 없던 전혀 색다른 것이 창조된다는 의미를 갖고 있습니다. 생성에 대한 논

　　　　　　　첫 번째 식탁: 철학이 담긴 우리 전통 음식

의는 철학적 화두 중에서 중요한 위치를 차지합니다. 헤겔은 존재-무-생성의 논의를 통해서 존재하는 것이 존재하지 않는 것과 만나서 생성이 일어나는 변증법적 과정을 설명했습니다. 헤겔의 생성에 대한 논의는 있음과 없음이라는 극단적인 양자 사이의 모순과 투쟁을 통해서 창조와 생성을 설명하는 방식입니다. 인정 투쟁과 살아남기 위한 모순의 과정을 보여줌으로써, 생명이 갖고 있는 다채로운 창조와 생성의 전개과정을 생존을 위한 필요와 욕구로 제한하여 설명하는 것이지요. 이런 헤겔 방식의 사고에서는 나와 너 사이에서 새로움이 생성되는 이질생성과 같은 것은 생각할 수 없습니다. 헤겔식의 사고방식이 갖고 있는 생명에 대한 조야한 인식으로 인해 공동체의 창조적 관계망 대신 국가의 절대적인 합리성에 호소하는 경향이 나타나기 때문이지요. 헤겔의 존재-무-생성이라는 공식은 숨이 막히고 답답합니다. 갈구하는 생명만 있지, 생성하는 생명은 찾을 수 없기 때문이지요.

이러한 헤겔 변증법의 근본적인 원리는 투쟁적이고 논쟁적인 대화로 나타납니다. '너 아니면 나다'는 식의 인정투쟁이 난무하는 대화는 생성과 창조의 대화법이 아니라 서로에 대한 불신과 비난으로 끝나기 일쑤입니다. 그러나 공동체에서 생성과 창조는 그러한 방식으로 나타나지 않습니다. 마셜 로젠버그가 창안한 '비폭력 공감 대화'는 공동체 내부에서 서로의 차이에 대한 관용을 기반으로 한 대화법입니다. 이러한 대화를 통해서 생성과 창조가 가능합니다. 이 비폭력 공감 대화는 자신의 의견을 관철하거나 다수결과 같은 합의를 목표로 합리적 절차를 만드는 것이 아니라, 대화를 통해서 서로를 이해하고 우리 사이에서 새로운 무엇이 생겨날 것이라는 잠재력을 긍정하는 과정으로 대화를 진행합니다. 이런 대화 방식에서는 서로 간의 경청과 변용이 일어나서 더욱 새로운 생각이 생성됩니다. 기업에서도 브레인스토밍을 통해서 다소 엉뚱하고 기발하게 대화가 진행될 수 있는 대화 방법을 개발하고 있지만, 이는 비폭력 공감 대화와 같이 정서적 공감과 이해에 기반한 대화법이 갖고 있는 관계망 창발의 방식보다는 다소 기술적인 측면에만 집중한다는 인상이 강합니다. '다름'을 '모순'으로 이해하지 않는 것, 서로 다르기 때문에 아주 색다른 것이 생산될 수 있다는 생각이 공동체적 관계 속에서 나타납니다.

이질생성이라는 개념을 창안한 사람은 펠릭스 가타리입니다. 그의 사상을 압축적으로 집약한 《카오스모제》라는 책에서, 가타리는 '기계적 이질발생'이라는 다소 어려운 개념으로 이질생성 현상을 설명했습니다. 《카오스모제》는 가타리의 필생의 역작인 《분열분석적 지도제작》을 180페이지 정도로 요약한 다이제스트입니다. 이 책에 나오는 '기계적 이질발생'이라는 개념을 처음부터 이해하기란 쉽지 않습니다. 기계적 이질발생은, 이질생성 현상처럼 서로 낯설고 다른 것이 만나 전혀 새로운 것이 만들어

        첫 번째 식탁: 철학이 담긴 우리 전통 음식

지면서도 마치 그것이 기계 작동과 같은 현상을 동반한다는 것을 뜻합니다. 차이가 새로운 차이를 생산한다는 '이질발생'이라는 개념은 차이가 새로운 차이를 만드는 것 즉, 서로의 다름이 신선하고 색다른 아이디어의 창발로 나타나는 공동체를 생각해보면 쉽게 이해할 수 있습니다. 그러나 '기계'는 이해하기가 좀 어렵지요. 기계는 구조 수준이 아니라 자기생산하는 작동 방식을 문제 삼습니다. 기계는 입력에 따라 출력되며 일체화된 틀 내에서 기계 부품처럼 기능하는 것이 아니라, 이와 반대로 자기생산하며 자유로우면서도 고도로 조직된 상태를 의미합니다. 교육 현실을 예로 들어 기계 개념을 이야기해볼까요? 기성 교육의 문제점에서 탈학교를 한 사람이나 대안을 고민하는 사람의 경우, 그저 반항하거나 와해되고 해체된 상태로 머무르지 않습니다. 이들 사이에서 자연스럽게 기계 작동이 생겨나는데, 그것이 대안학교나 대안교육 공동체로 나타나는 것입니다. 즉, 가타리는 차이 나는 것끼리 만나 새로운 차이를 만들 때 그 속에는 대안적인 움직임이 기계 작동처럼 나타난다고 얘기하는 것입니다.

이질생성, 즉 기계적 이질발생의 반대말은 동질발생입니다. 동질발생은 자본주의가 움직이며 무엇인가를 만들어가는 방식이라고 할 수 있습니다. 자본주의는 아파트, 육식, 텔레비전, 자동차와 같이 아주 똑같은 스테레오타입화된 삶을 만들어냅니다. 이 경우에는 생성이 이루어지지 않습니다. 그저 복제와 반복만이

있을 뿐입니다. 대부분 자본주의적 욕망은 동질발생에 입각한 성공과 승리를 얘기합니다. 이를테면 아파트 평수랄지, 자동차 브랜드와 같은 이야기들이 동질발생들입니다. 우리가 기억에도 없고 완전히 다른 의미를 갖는 무엇인가를 얘기하고자 할 때 봉착하는 문제는 그것을 설명할 수단이 없다는 것입니다. 그래서 쉽게 이해할 수 있도록 이러한 생성과 창조의 과정을 예술, 과학, 혁명이라고 얘기하게 됩니다. 예술은 똑같은 것들끼리 만났을 때 만들어지는 것이 아니라, 아주 낯설고 본 적 없는 별난 것들끼리 만났을 때 창조가 이루어질 수 있으니까요. 한 예술가는, 그러한 창작의 섬광과 같은 순간을 맞이하기 위해서 대부분의 시간을 준비하는 시간으로 보낸다고 합니다. 색다른 것을 창조하기 위해서는 낯선 현실과 마주치는 것을 두려워하지 말아야 하며, 자신의 이질생성 과정을 기계작동처럼 만들어낼 수 있어야 하기 때문이지요. 그래서 인생은 짧고 예술은 길다고 했던가요?

사람들은 비슷한 사람들끼리 어울리는 경우가 많습니다. 그리고 고만고만한 평균주의에 삶의 좌표를 놓고 시간을 허비하는 경우가 있습니다. 그러다가 아주 별종적인 사람을 만났을 때 자신의 삶이 불안해지고 흔들린다고 생각해서 그를 멀리하게 됩니다. 이를테면 노숙자를 생각했을 때 떠오르는 이미지는 길에서 무기력하게 쓰러져 있거나 구걸하는 모습인데, 노숙자가 기타를 치고 노래를 부르고 있다면 어떨까요? 또 대학생이라면 스펙과

학점에 매달려야 한다고 생각하기 쉬운데, 두물머리에서 농사를 짓는다면 어떨까요? 차이와 색다름은 기존에 갖고 있던 통념과 사회적 배치를 바꾸어낼 수 있는 원동력이라고 할 수 있습니다.

　자본주의가 구조라는 큰 틀에 의해서 움직이고 있다는 생각이 과거 세대의 사고방식이었습니다. 이러한 생각은 자본주의 분석에는 아주 과학적이지만, 어떻게 주체 형성이 이루어질 것인가에 대해서는 취약함을 갖고 있었습니다. 하지만 잘 생각해보면 자본주의는 작은 기계 부품들이 연결되고 조립되어 움직이는 기계체입니다. 그래서 어떤 하나의 작은 기계장치가 기존 방식과 다른 움직임을 보일 때, 자본주의는 고장나거나 자신의 배치를 바꿀 수밖에 없습니다. 작은 변화가 큰 변화를 초래하며, 특이하고 색다른 것을 만들어내는 것이 배치를 바꿀 변화의 초석입니다. 그래서 기계적 이질발생은 아주 중요한 위치를 차지합니다. 이질적인 것들이 만나 세상에 없는 새로운 것을 만들어내고, 그것이 이 사회를 이루는 작은 기계 작동에 변화를 줄 수 있기 때문입니다. 두부김치의 이질생성이 주는 메시지로 자본주의를 한꺼번에 변혁할 수는 없지만, 적어도 계속해서 변혁해야 한다는 영구혁명(혹은 영구개량)으로 우리를 인도합니다. 그렇다고 너무 무겁게 목소리에 힘을 주고 인상을 쓰면서 세상을 바꾸자는 것이 아닙니다. 재미있게 즐겁게 새로운 아이디어를 만들면서 바꾸자는 이야기입니다.

　첫 번째 식탁: 철학이 담긴 우리 전통 음식

수제 두부김치를 만들면서

　　두부를 만들 때는 흔히 메주콩이라 불리는 백태를 사용합니다. 혹은 검정콩(서리태)를 이용한 흑두부로 만들어도 독특한 풍미를 느낄 수 있습니다. 콩은 전날부터 8시간 이상 충분히 불린 후 믹서나 녹즙기를 이용해 두 번 이상 반복해서 갈아줍니다. 갈아 놓은 콩물을 자루에 넣고 한 번 걸러주는데, 마치 한약을 달일 때처럼 힘주어 짜야 합니다. 콩물을 다 짜내면 자루 속에 콩비지가 남는데, 남아 있는 콩비지를 따로 두었다가 비지찌개를 끓이거나 전을 부쳐 먹어도 그 맛이 쏠쏠합니다. 걸러진 콩물은 커다란 솥에 붓고 끓이는데, 바닥이 눌어붙지 않도록 나무주걱으로 저어주어야 합니다. 콩물이 알맞게 끓으면 불을 끄고 준비된 간수를 붓습니다. 여기서 간수는 염전의 소금에서 빠져나온 물이며 두부를 굳히는 데 사용합니다. 간수의 양을 맞추는 것이 매우 중요한데, 간수를 분량보다 적게 넣으면 잘 뭉쳐지지가 않고, 또 너무 많이 넣으면 두부가 딱딱해지고 쓴맛이 날 수 있기 때문이지요. 조금만 기다리면 뽀얗던 콩물이 말갛게 고이고, 몽글몽글한 순두부가 뜨거운 김을 뿜으며 다소곳하게 몸을 누이고 있습니다. 이것을 한 국자 푹 떠서 양념간장을 쳐서 먹으면…… 생각만 해도 침이 고입니다. 이제 만들어진 순두부를 네모난 틀에 부어 모양을 잡는 순서입니다. 두부 틀에 베 보자기를 깔고 뜨끈

뜨끈한 순두부를 떠서 붓습니다. 그리고 그 위를 무거운 뚜껑으로 눌러 20분 정도 둡니다. 이렇게 완성된 수제두부를 큼직큼직하게 잘라 뜨끈뜨끈한 상태에서 먹으면 됩니다. 잘 익은 김장 김치가 있다면 슴덩슴덩 썰어서 그대로 곁들여 내도 먹음직스런 두부김치가 되겠지만, 두부김치엔 아무래도 갖가지 양념을 곁들여 따끈하게 볶아낸 김치볶음이 제격입니다. 신김치는 국물을 꾹 짜서 적당한 크기로 자른 후 여기에 마늘과 대파, 고춧가루, 깨소금, 설탕 등 양념을 넣고 조물조물 무쳐놓습니다. 달구어놓은 프라이팬에 살짝 들기름을 붓고 김치를 둘둘둘 볶아낸 후 마지막으로 통깨를 뿌려서 방금 만든 두부 옆에 살짝 기대어놓으면, 100퍼센트 수제 두부김치가 완성됩니다.

두부와 김치의 만남, 그것은 첫 데이트 자리처럼 향기와 예감으로 가득합니다. 이질생성이 만드는 맛의 향연은 마치 남녀가 만나 낯선 존재들끼리 마주쳐서 사랑을 속삭이듯이 엄청난 상냥함과 색다른 부드러움으로 가득한 맛을 느끼게 해줍니다. 서로 맛이 다르다고 해서 차별하지 않으며, 낯선 것끼리 만났다고 해서 불량한 맛이 나지 않습니다. 그래서 사람들은 오묘한 조화라는 애매한 말을 사용하기를 좋아합니다. 두부김치를 좋아하는 사람들은 평생 남남이었던 사람이 연애를 하듯이 서로의 차이를 기쁨으로 만드는 사랑의 속삭임에 대해서 아는 사람들입니다. "그것이 어떻게 가능한가?" 궁금한 사람이 있다면, 아마 사랑

        첫 번째 식탁: 철학이 담긴 우리 전통 음식

을 아직 모르거나 두부김치에 대해서 그저 무심했던 사람 중 하나일 것입니다. 두부김치가 환상의 궁합이 될 수 있었던 것은 같아서가 아니라 다르고 낯설기 때문입니다. 서로 다른 두 맛이 만나 색다른 맛을 창조한 겁니다. 김치와 두부가 만들어내는 돌연변이의 과정은 유전자 조작 콩과 같은 돌연변이 식품이 가지는 의미와는 완전히 다릅니다. 이는 생명이 만들어내는 창조와 생성의 돌연변이입니다. 아, 돌연변이라는 단어는 오해의 소지가 있을 수 있으니 이질생성이라는 단어가 좋겠군요. 여러분이 이 글을 읽는 시간이 두부김치와 얼음 동동 막걸리를 마시는 느긋한 토요일 오후라면 좋겠습니다. 그래서 글에 집중하지 못하고 하루 종일 읽었으면 좋겠습니다. 마치 이질생성의 시간처럼 말이지요.

북어국과 무의식

북엇국을 넘어선 북어국

북어국의 탁월한 효능 속으로

북어국을 끓인다 / 시원한 // 시원한 북어국은 / 그냥 되는 게 아니다 // 지켜 서서 / 지켜보고 / 솟아오르는 거품 / 수도 없이 생겨나는 거품들을 / 떠내고 / 또 떠내야만 되는 거 // 혼탁한 인생 길 / 맑고 밝기 // 허망한 욕심의 거품 / 거품들을 // 걷어내고 / 걷어내고 / 또 걷어내야 되는 이치 //

첫 번째 식탁: 철학이 담긴 우리 전통 음식

북어국 속에 / 있다.

이영철 시인의 〈북어국〉이라는 시입니다. 이처럼 북어국에는 거품 찌꺼기를 걷어내고 맑은 국물로 만드는 노력과 정성이 들어 있습니다. 그 정성처럼 북어에서 우러나는 얼큰하고 맑은 국물에는 위장의 무의식을 움직일 만한 맛과 시원함이 있습니다.

오랜만에 만난 친구들과 거하게 술을 마신 다음 날이면 속은 쓰리고 머리는 빙글빙글 돕니다. 시원하게 속을 풀어줄 해장국 한 그릇이 간절해지는 순간입니다. 이럴 때 한국사람이라면 누구나 자연스럽게 떠올리는 국이 있으니, 바로 북어국입니다. 온몸의 알콜기를 싹 밀어내버릴 듯 시원한 국물은 물론, 콩나물과 북어 건더기가 적당히 씹히면서 술술 풀어놓은 달걀과 고춧가루가 부드럽고 얼큰하게 목구멍으로 넘어갑니다.

북어에는 알코올 해독을 돕는 아미노산인 알라닌, 아스파트산, 글루탐산, 글리신 등의 성분이 풍부하게 들어 있습니다. 한 번 그 효능을 느껴본 사람은 북어국의 매력에서 좀체 벗어날 수 없지요. 조선 후기 실학자 서유구가 쓴《임원경제지》라는 농촌경제정책서에서 처음으로 북어라는 단어가 등장하는데, 건조한 명태를 '북어'라고 쓰고 있어서 그 이전부터 전래된 음식이라는 것을 알려줍니다. 1924년 출간된 한국 음식책《조선무쌍신식요리제법》에 북어국에 관한 기록이 나옵니다. 북어국을 언제부터 먹었는지는 정확하게 알 수 없지만 한국인들의 해장 음식으로 옛날부터 사랑받아 왔다는 것은 분명합니다. 예전에는 명태를 말린 북어가 부엌 천장에 줄곧 달려 있어서 집에서 키우는 고양이들이 항상 탐내곤 했습니다. 천장에 달린 북어를 꺼내 아침에 어머니께서 방망이로 세게 때리는 소리가 들리면 전날 아버지가 약주를 하셨다는 것을, 그리고 그날 아침 메뉴는 어김없이 북어국이 될 것임을 예감했습니다.

여러분은 '위장의 무의식'을 경험해본 적이 있으신가요? 오래전 회사에서 스트레스를 많이 받았을 때 위궤양에 시달렸는데, 통증으로 밤에 잠이 안 올 정도라 급기야 병원을 찾았습니다. 의사는 "스트레스는 위와 바로 연결됩니다"라고 하더군요. 저는 무의식 중에 무의식의 위를 가지게 된 겁니다. 무의식이라고 하면 '없을 무無'자와 '의식意識'을 결합시켜서 '아무 생각도 없는 상태'라고 생각하기 쉽습니다. 그래서 의식이 없는 상태는 죽은 상태가 아닐까 생각하는 사람도 있을 겁니다. 그러나 우리는 게임을 할 때, 운전을 할 때, 텔레비전을 볼 때 모두 의식하지 않고 무심결에 행동하는 경우가 많습니다. 텔레비전을 볼 때 주인공이 무슨 얘기를 했는지 그 의미는 무엇인지를 일일이 생각하지 않고 아주 무의식적인 상태에서 봅니다. 손으로는 다른 일을 하면서 눈으로는 텔레비전을 보는 경우도 있습니다. 심지어 가장 정신을 똑바로 차리고 조심스럽게 해야 할 운전도 무의식적으로 하는 경

　　　　　　　　　첫 번째 식탁: 철학이 담긴 우리 전통 음식

우가 많습니다. 좌회전을 할 때 좌측 깜빡이를 켜고 핸들을 돌리는 행동을 거의 자동으로, 아주 무의식적으로 합니다. 무의식은 생각 속에서만 있는 것이 아니라 축구 경기장, 부부 침실, 텔레비전, 극장, 공장 등 모든 곳에서 서식합니다. 북어국은 위장의 무의식에 평화를 가져다주는 음식임에는 분명한 것 같습니다. 특히 속풀이를 할 때 위장이 느끼고 반응하는 것은 머리로 생각하는 것보다 빠르며, 직접적입니다. 우리가 안다는 것은 생각을 통해서 아는 것도 있지만 신체를 통해서도 아는 것이 있습니다. 뜨거운 북어국 한 사발로 해장을 해본 사람이라면 왜 위장의 무의식이라고 하는지 금방 알 수 있는 것처럼 말이지요. 우리가 일상에서 무심코 경험하는 무의식을 사물이나 환경, 관계 속에서 생각해낸 사람은 펠릭스 가타리입니다. 가타리에 따르면 위장에도 무의식이 있게 되는 셈입니다. 가타리의 무의식을 이야기하기 전에 스피노자와 프로이트를 먼저 이야기해야 할 것 같군요.

무의식은 모든 곳에 서식한다

무의식이라는 개념을 창안한 사람은 네덜란드의 철학자 스피노자입니다. 그는 잠에 들지 않고도 꿈꾸는 듯한 상태를 발견하면서 무의식에 대해 언급했습니다. 무의식 개념의 발견을 스피노자가 우연히 이룬 것은 아닙니다. 스피노자는 정신이 장악하지 못한 신체의 영역이 있다는 점과 신체 변용을 이루지 않는다면 정신이 관념을 획득하는 것도 어렵다고 보면서 정신의 외부에 또 하나의 사유 방식이 있다는 점을, 그의 책《에티카》전반을 관통하는 문제의식으로 갖고 있었습니다. 쉽게 말하자면, 인간도 동

   첫 번째 식탁: 철학이 담긴 우리 전통 음식

물처럼 욕망과 무의식에 의해서 움직인다는 점을 스피노자가 처음 언급한 것입니다.

그 이후 무의식 개념을 학문적으로 접근하여서 체계화한 사람이 정신분석학을 창시한 지그문트 프로이트입니다. 프로이트는 꿈, 농담, 실수 속에서 실루엣처럼 얼핏 드러나는 정신세계를 무의식이라는 개념을 통해서 설명했습니다. 무의식은 의식과 달리 사람들 내면에 잠재되어 있다고 프로이트는 설명합니다. 프로이트는 주로 신경증과 같은 정신질환에 시달리는 사람들을 치료하면서, 그들에게 잠재되어 있는 '오이디푸스 콤플렉스'를 발견합니다. 오이디푸스 신화는 테베의 왕인 오이디푸스가 아버지를 살해하고 어머니를 부인으로 취하여 왕위를 획득한다는 내용입니다. 오이디푸스 콤플렉스는 가족 무의식 속에서 권력자인 아버지에 대해서 응어리진 애증의 관계를 의미합니다. 그러나 아버지에 대한 콤플렉스를 느끼는 건 가부장제 시대에나 가능할 일이지요. 요즘 같이 아버지의 존재가 비중이 적은 가족 사회에서 오이디푸스 콤플렉스와 같은 무의식이 지배적일 수 있을까 하는 의문이 듭니다. 한때는 꽤 설득력이 있어 보이고 참신했던 프로이트의 책도 지금 보면 사회나 역사의 문제를 지나치게 가족 드라마로 환원한다는 생각이 듭니다. 특히 우리의 건강한 꿈과 무의식은 늘 미래로 향하는데도 프로이트는 과거의 상처와 콤플렉스에 사로잡힌 수동적이고 병리적인 무의식을 드러내보이지요.

프로이트가 '가족 생활의 내밀한 무의식'으로 한정시켰던 무의식 개념을 사회적·역사적 무의식, 그리고 모든 장소와 기계장치에 서식하는 보다 확장된 무의식 개념으로 바꾸어 외부성의 영역을 사유하며 스피노자 전통을 부활시킨 사람이 펠릭스 가타리입니다. 펠릭스 가타리는 스피노자적 전통을 복원하여 무의식을 가족 공간만이 아니라 신체와 사물, 시간-공간-에너지의 흐름 등 모든 것에서 서식하며 기계장치와 같이 움직이는 것으로 묘사합니다. 들뢰즈와 가타리는 그러한 무의식 개념을 '기계적 무의식'이라고 지칭합니다. 이 두 사람은 다채로운 욕망과 무의식의 배치를 지도 그리듯이 그려볼 요량으로 이 개념을 사용하려 했습니다. 이러한 기계적 무의식 개념은 들뢰즈와 가타리가 함께 만들었던 개념이었지만, 가타리가 독자적인 이론 작업으로《기계

 첫 번째 식탁: 철학이 담긴 우리 전통 음식

적 무의식》이라는 책을 출간함으로써 더 구체화되었고 이후 가타리에게는 매우 핵심적인 개념이 되었습니다.

여기서 여러분은 기계라는 개념에 약간의 반감을 갖게 될지도 모르겠습니다. 여기서 기계는 하나의 틀에 일체화되어 부품처럼 움직이는 기계를 의미하는 것이 아니라, 스스로 자기생산하면서도 색다른 방식으로 조립되고 연결되어 다른 방식으로 움직일 수 있는 기계를 의미합니다. 예를 들어 자기생산하는 기계장치는 학교, 감옥, 군대일 수도 있지만 대안학교, 양심적 병역거부 모임일 수도 있습니다. 더 나아가 어디에 접속하느냐에 따라 다양한 기계 작동을 보일 수 있는 활동가의 고도로 조직된 기계체일 수 있습니다. 기계적 무의식은 프로이트처럼 과거로 퇴행하여 콤플렉스에 사로잡힌 무의식이 아니라 미래 진행형으로서의 무의식입니다. 미래를 향해 주파하고 나아가면서 강건하고 활력 있게 움직이는 무의식인 것입니다. 또한 기계적 무의식은 자기생산하면서 연결되고 조립되는 모든 곳에서 서식하는 무의식입니다. 입과 입이 연결되거나, 팔과 펜이 연결되거나, 위장과 음식이 연결될 때 이 기계적 무의식이 작동하는 겁니다. 이러한 기계적 무의식 개념을 받아들였을 때, 위장의 무의식이라는 개념도 성립할 수 있습니다.

이를테면 무의식은 축구 경기장에도 있습니다. 2002년 월드컵 때 '붉은악마 현상'이라고 불렸던 집단적 무의식을 생각해본

 북어국과 무의식

다면, 무의식이 개인의 내밀한 사생활이나 가족 생활에만 있는 것이 아니라 집단 속에서 서식하고 집단을 통해서 생산될 수 있음을 자연스럽게 알 수 있지요. 무의식은 공장에도 있습니다. 공장의 거대한 기계들 틈에서 살아온 노동자들이 강철같이 파업하는 것을 보면 공장에서 서식하는 무의식도 가능합니다. 무의식은 극장에도 있습니다. 영화는 아주 독특한 공간을 만들어냅니다. 영화를 보면서 낯선 공간으로 튕겨져나가 독신자, 고아, 신원 미상의 인물들이 되어보는 체험을 해본 사람들이라면 어떤 무의식인지에 대해서 감이 올 것입니다. 특히 3D 영화와 같은 입체 영화의 경우 무의식에 미치는 영향이 상당히 강합니다. 이 영화를 보노라면 극장이라는 공간이 낯선 곳으로의 여행을 넘어선 새로운 차원으로의 여행으로 나아가고 있다는 생각이 들지요.

북어국일까? 북엇국일까?

국어학자들 사이에서는 "북어국인가? 북엇국인가?"에 대한 논쟁이 있었습니다. 북어국은 북한말이며, 사실 표준말은 북엇국입니다. 한글맞춤법 규정에 따르면 '북어'와 '국'이라는 고유어가 합쳐질 때 된소리가 나는 경우 사이시옷을 쓰게끔 규정되어 있기 때문이지요. 그러나 음식점에도 마트에도 식품점에도 북어국

　　첫 번째 식탁: 철학이 담긴 우리 전통 음식

이라고 표기되어 있습니다. 사람들은 김칫국이라고는 얘기하지만 북엇국이라고는 얘기하지 않습니다. 음식의 이름을 부를 때 사람들은 합리적인 문법에 따르면서 의식적으로 부르지 않습니다. 대신 가장 익숙하고 쓰기 편한 말을 씁니다. 자신도 모르게 무의식적으로 말이지요. 북엇국 대신 북어국을 쓰는 것이 한글맞춤법 규정에 어긋난다하더라도 사람들의 위장의 무의식 속에는 이미 북엇국보다 북어국이 더 가까이 다가와 있는 것입니다.

북어국에 밥을 말아서 한술 후후 불어 떠먹고, 후루룩 국물을 들이마시고 배를 두드려본 사람은 압니다. 위장이 좋아하는 것이 따로 있다는 것을 말입니다. 북어에는 시원함과 그윽한 맛의 무의식이 있고, 그것을 좋아하는 위장의 무의식이 있습니다. 특히 콩나물과 고춧가루, 무의 배합의 환상적인 맛을 연출하는데, 뜨거운 국물이 주는 이율배반적인 시원함에 탄성을 연발하면서 먹게 됩니다. 고단한 노동과 술자리에 지쳐 있던 사람들도 엄청난 용기와 열정으로 먹게 되는 음식이 바로 북어국인 것이지요. 그래서 신 포도를 보면 침의 무의식이 작동하지만, 북어국의 경우에는 위장의 무의식이 작동합니다. 시원함과 칼칼함, 그윽함, 그 이후 찾아오는 위장의 평화를 어찌 말로 다 설명할 수 있을까요? '위장의 무의식'을 체험하고자 한다면 오늘 북어국의 신비로움과 접속하는 시간을 가져보는 것은 어떨까요?

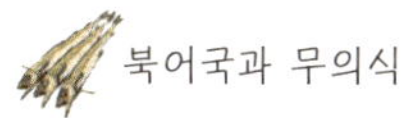 북어국과 무의식

비빔밥과 카오스모제

혼돈 속에서 피어난 맛

비빔밥의 역사적 의미를 되새기며

요즘 학생들은 급식을 하기 때문에 '도시락 비빔밥'을 잘 모를 것 같습니다. 중학생일 때 점심시간에 한창 유행했던 것이 도시락 비빔밥이었거든요. 커다란 양푼에 반 친구들의 도시락을 모두 털 어넣고, 마지막으로 고추장까지 척 얹으면 숟가락 수십 개가 달 려들어 부지런히 비벼댔습니다. 모든 것이 섞이고 비벼져서 골고

 첫 번째 식탁: 철학이 담긴 우리 전통 음식

루 분배된 도시락 비빔밥에는 공동체적인 정신이 담겨 있었지요. 매운맛의 고추장과 나물들이 비벼져 빨갛게 물들면 군침이 확 돌면서 마치 머슴처럼 팍팍 퍼서 먹고 싶은 욕구가 솟아납니다.

비빔밥이 본격적으로 제맛을 내기 위해서는 밥 위에 예쁘게 배열한 온갖 나물을 뒤섞는 과정이 필요합니다. 잘 정돈시키고 정성을 들여 만든 어머니의 손길을 일순간에 무너뜨리고 혼란에 빠뜨린다고 생각하면 오산입니다. 뒤섞음이 창조의 시작이며, 무질서가 질서의 시작이듯이 비빔밥은 '따로 또 같이' 색다른 음식의 맛을 보여줍니다. 비빔밥 먹을 때 손가락이 바빠지고, 군침이 돌아 입이 바빠지는 순간의 역동성을 기억합니다. 비빔밥은 먹고 싶은 욕망을 부추기듯이 비비는 과정에서부터 먹을 때까지의 시간과 동작을 아주 리드미컬하게 만들어냅니다.

비빔밥에는 다양한 유래설이 있습니다. 귀신이 된 조상을 위해 제사상을 차린 후손이 제사를 치르고 조상과 함께 제사밥을 나누어 먹는 신인공식神人共食을 했다는 '음복설'이 있는가 하면, 고려 몽고 침입 시기 임금이 몽진하는 과정에서 음식을 제대로 차릴 수 없어서 재료를 비벼서 올렸다는 '임금몽진 음식설', 중국에서 유래되어 궁중에서 쓰였다는 '궁중음식설', 섣달 그믐날 새해를 맞이하기 위해서 지난해 음식을 없애기 위해서 만들어졌다는 '묵은 음식 처리설' 등이 있습니다.

여기서 가장 주목해야 할 견해는, 전주비빔밥의 유래가 되었다고 전해지는 '동학혁명 유래설'입니다. 동학농민혁명은 전라도 고부군수 조병갑의 폭정에 시달린 민중들이 봉기를 하면서 시작됩니다. 당시 조병갑은 농민으로 하여금 만석보라는 저수지를 만들게 하고 엄청난 물 값을 내게 하는가 하면, 자기 아버지의 비석을 세우는 목적으로 무지막지한 세금을 거두었습니다. 당시 전봉준의 아버지는 여기에 대해서 항의하다가 매를 맞고 죽임을 당합니다. 전봉준은 아버지의 죽음을 목도한 후 동학에 들어가 농민혁명의 지도자로 성장하였고 농민봉기를 이끕니다. 우리가 어릴 적 배웠던 "새야, 새야 파랑새야 녹두밭에 앉지 마라"라는 노래에서 파랑새는 팔八+왕王의 결합을 뜻하는 것으로 녹두장군 전봉준의 전全 씨를 지칭하는 중의적인 의미를 갖고 있었습니다. 조병갑의 폭정에 맞서 백산에서 봉기한 농민군은 황토현 전투에서 장성 전투까지 압승을 거두며 전주로 밀려듭니다. 1만 3,000명의 잘 조직된 농민군이 모두 죽창을 들고 전주읍성으로 질서 있게 진입하는 그 모습은 정말 장관이었을 겁니다. 그런데 수만 명의 농민군은 정신없는 전투 현장에서 끼니 때마다 어떻게 밥을 먹었을까요? 전주에서 농성전을 시작한 농민군은 밥그릇을 갖고 있지 않았기 때문에 거대한 가마솥에 십시일반으로 모인 나물과 밥을 비벼서 먹었다고 합니다. 이것은 동학군이 신인공식神人共食을 하는 군대라는 의미도 함께 갖고 있습니다. 전주는 동학농민혁명에 아주 중요한 역사적 지역이었지요. 신인공식을 하는 군대

  첫 번째 식탁: 철학이 담긴 우리 전통 음식

였던 동학농민혁명군의 음식이 바로 비빔밥이었으며, 전주는 동학농민혁명군이 최초로 점령했던 공간으로서의 의미를 갖고 있으니까요. 이를 기리기 위해서 전주비빔밥이라는 독특한 전통이 만들어진 것은 아닐까요?

이후 동학농민군의 역사는 매우 비극적입니다. 전주가 해방된 상황에서 조선정부는 청군에게 지원군을 요청하는데, 일본군도 함께 파병하여 외세의 침략의 도화선이 됩니다. 동학군은 외세의 침략의 빌미가 되지 않기 위해서 전주에서 정부군과 협상을 하고, 집강소를 설치하고 질서 있게 해산합니다. 그러나 해산에도 불구하고 외세는 청일전쟁을 터뜨렸고, 여기서 승리한 일본군의 개입이 노골화되었던 시기에 동학농민군은 다시 봉기를 일으켰으나 근대화된 무기를 앞세운 일본군과 맞선 우금치 혈전에서 추풍낙엽처럼 궤멸하고 맙니다. 우금치라는 작은 고개는 동학농민군의 피로 붉게 물들었으나 그들은 물러서지 않고 끝까지 맞서다 결국 전멸하고, 전봉준은 붙잡혀 처형되었습니다. 농민에 의해서 해방구가 된 전주를 대표하는 음식이 농민군들이 주린 배를 채우기 위해 먹던 비빔밥이라는 것은 역사적인 의미로 보아 매우 특별한 것이라고 할 수 있습니다.

카오스모제의 세계

　비빔밥은 역사적 혼돈 속에서 동학혁명군이 만든 새로운 질서를 표현하는 이른바 혼돈 속의 질서, 카오스모제(혼돈chaos+질서cosmos+상호침투osmose)의 예술품과 같습니다. 어떤 사회적이고 역사적인 혼돈의 상황을 접하게 되면, 이에 대한 반동으로 질서를 지켜야 한다는 생각이 떠오르게 마련입니다. 과거 독재 정권은 자신에 대한 비판 세력이나 사회변혁 세력을 사회 혼란을 부추기는 집단으로 묘사했습니다. 물론 사회변혁 세력이 독재 정권이 만들어놓은 질서를 파괴하고 혼란스럽게 만드는 것은 분명하지만, 민주주의와 대안 사회를 위한 새로운 질서를 품고 있는 것도 분명합니다. 지금의 기성세대들 역시도 새로운 세대들이 혼돈과 혼란을 일으킨다고 색안경을 끼고 보는 것을 보면, 미래에 다가올 새로운 수준의 질서는 지금의 삶을 불안정하게 만들고 혼돈에 빠뜨리는 경향이 있는 것 같습니다. 카오스모제는 혼돈스럽고 의미좌표가 흔들리는 현상 그 배후에 아직까지 기억에 없던 색다른 질서가 만들어지고 있다는 것을 알려주는 지표입니다. 그래서인지 세미나 자리나 공동체 회의 자리에서 미리 짜인 틀이나 절차에 의해서 움직이지 않고 혼란스럽게 대화가 오가면 오히려 기분이 좋아지고 이에 편승하게 됩니다. 이는 현실의 변화가 시작되고 있고 새로운 수준의 질서가 열리고 있다는 증거이기 때문입니다.

　　　　　첫 번째 식탁: 철학이 담긴 우리 전통 음식

　　카오스모제라는 개념을 제안한 사람은 펠릭스 가타리입니다. 가타리는《카오스모제》에서 이 개념을 제목으로 들고 나오는데, 이 개념의 모호한 느낌 때문에 독자들은 혼란을 느꼈습니다. 그러나 이런 식의 혼란은 많을수록 좋다고 생각합니다. 기존의 통념에 사로잡힌 사람들에게 개념과 의미 좌표를 흔드는 새로운 개념의 출현은 새로운 세계관을 형성하고 창의적인 사고를 할 때 매우 중요합니다. 가타리의 카오스모제 개념은 새로운 생태적 실천을 겨냥한 그림입니다. 가타리의 생태 개념은 자연에만 한정되는 것이 아니라 사회적 관계, 사람들의 마음과도 관련되어 있습니다. 가타리의 생태적 실천은 이질적이고 특이한 주체성이 다채로운 전선에서 다양하게 만들어져야 한다는 생각입니다. 마치 생물계에 종 다양성이 있는 것처럼, 생태적 다양성은 특이한 것이 얼마나 있느냐의 문제라고 할 수 있습니다. 생태적 다양성은 공동체가 특이한 생각과 움직임에 의해서 배치가 바뀌고 기존의 질서가 혼돈에 빠지면서 다시 새로운 질서를 구축하게 되어 오히려 더 풍부해질 수 있다는 생각입니다. 그래서 공동체는 소수자를 단순히 사회적 약자가 아니라 공동체의 생태적 다양성을 풍부하고 충만하게 만들 특이자로 규정하며 받아들입니다. 그래서 공동체는 소수자를 단순히 돌봄으로만 관계하는 것이 아니라, 소수자에 의해서 공동체의 관계망이 풍부해질 수 있고 다양해질 수 있는 계기를 발견합니다.

가타리는 프랑스 녹색당 운동을 13년간 지속하면서 생태 다양성에 대한 생각을 정교하게 다듬었습니다. 특히 특이하고 새로운 주체성이 생산되는 것이 세계를 변화시킬 수 있는 다양성의 기초라고 생각해서, 그 생각을 이론적으로 정교하게 만들었습니다. '주체성 생산'은 가타리의 생태학에서 아주 중요한 개념입니

　　　　첫 번째 식탁: 철학이 담긴 우리 전통 음식

다. 주체성 생산은 아파트, 텔레비전, 육식, 자동차와 같은 획일화되고 통속화된 질서와 달리 아주 색다른 질서를 가진 주체가 형성되고 만들어지는 과정을 의미합니다. 그리고 색다른 주체성이 만들어질 때 세계 안에서는 혼돈이 시작됩니다. 이 혼돈은 아노미적 상태를 의미하는 것이 아니라 새로운 질서를 품고 있으며, 다른 질서에 침투해 들어간다는 의미에서 카오스모제적인 현상이라고 할 수 있습니다.

기상학자 로렌츠의 "북경에서 날아오르는 나비 한 마리의 날갯짓이 한 달 후 뉴욕에 폭풍을 몰고 올 수도 있다"는 나비효과 이야기를 한 번쯤 들어보셨을 겁니다. 이른바 카오스 이론을 대신해서 부르기도 하는 이 나비효과는 불규칙적으로 보이는 것 속에 질서가 있고, 작은 변화가 큰 변화를 유발할 수 있으며, 예상치 못한 효과를 가져다 줄 수 있다는 겁니다. 이 카오스이론에 따르면 지구상의 작은 변화는 연쇄반응을 일으켜 커다란 변화의 원인이 될 수 있습니다. 이러한 생각을 계승하여 사소하고 작은 변화라고 취급되었던 아주 독특한 주체성이 생산되는 것이 사회 변화를 초래할 수 있다는 것이 가타리의 설명입니다. 도로 위를 자동차들과 함께 달리는 자전거를 상상해봅시다. 자전거의 속도를 훨씬 뛰어넘는 자동차들은 이 자전거의 등장으로 혼돈과 정체에 빠져들 겁니다. 이 작은 변화로 인해 자동차 운전자들은 더 주의 깊게 운전하고 자동차의 속도는 자연스럽게 조금씩 느려질 것입니다. 이러한 혼돈스러운 상황은 불편한 변화가 아니라 지나치게 빠른 속도 문명을 일순간 정지시키는 나비의 날갯짓이라고 할 수 있습니다. 유럽의 어떤 녹색 도시는 자전거 이상의 속도를 내는 모든 것을 금지한다고 합니다. 이러한 녹색 도시처럼 느림과 여백의 사회를 만들기 위해 필연적으로 동반되는 혼돈이 이 자전거가 만드는 소동이라고 생각합니다. 그것은 새로운 질서를 만들기 위한 혼돈이라는 면에서 나비효과와 같은 연쇄반응의 시작일지도 모릅니다.

'카오스모제'라는 개념은 열역학법칙을 통해서도 설명될 수 있습니다. 열역학 1법칙은 에너지 보존의 법칙이자 질서의 법칙이고, 열역학 2법칙은 에너지가 소실되고 돌이킬 수 없게 되는 무질서의 법칙입니다. 에너지의 손실이 없이 계속 작동되는 영구기관을 못 만드는 이유는 에너지 보존이라는 질서의 법칙과 달리 에너지 소실과 감소라는 무질서의 법칙이 있기 때문입니다. 제러미 리프킨은《엔트로피》라는 책에서 현재의 문명사회가 자원, 에너지, 환경 등을 낭비하거나 파괴하는 등 무질서를 증가시키는 경향이 있기 때문에 열역학 2법칙에 의해서 지배될 것이라고 말합니다. 리프킨에 의하면 모든 에너지의 사용은 무질서를 강화하는 경향이 있어서 엔트로피가 증대하는 경향이 있습니다. 특히 자본주의적 생산과 관련된 모든 산업은 에너지를 재생 불가능하게 만들며, 무질서로 만들어버립니다. 그래서 리프킨의《엔트로피》라는 책을 읽은 사람이라면, 종말론적이고 비참한 자괴감을 갖게 될 지도 모릅니다. 그것은 산업사회의 종말이자 인류의 종말, 지구의 종말을 생각하게 만듭니다.

그래서 "열역학 2법칙이 인도하는 무질서로 가득한 세상으로의 방향으로부터 자유로울 수 있을 것인가?"라는 질문이 한참 동안을 머릿속을 맴돌고 있었던 중에 가타리의 카오스모제라는 개념과 만났습니다. 가타리의 카오스모제 이론은 엔트로피 이론이라는 무질서 이론을 넘어서, 색다른 생태학으로 이끕니다. 생명현상이나 생태계는 무질서 속에서 질서를 만들어내며, 카오스모제적인 능력을 갖고 있습니다. 그래서 순환과 재생이 가능한 무질서의 질서, 혼돈 속의 질서는 언제든 가능합니다. 이를테면 숲의 나무는 탄소를 순환시키고, 장작이 되어 불타더라도 에너지 총량을 변화시키지 않습니다. 숲은 탄소를 빨아들여 자신이 불타더라도 그 양에 해당하는 탄소를 순환시킵니다. 이러한 생명의 탄소순환에 입각한 에너지관은 생명현상과 다른 핵에너지와 같은 절멸의 에너지로부터 벗어나야 한다는 것을 잘 알게 해줍니다. 그것에 대한 대안이 바람과 태양 에너지와 같은 순환과 재생 에너지일 것입니다. 화석에너지 사용이 엔트로피를 끊임없이 증대시킬 것이라는 제러미 리프킨의 예견은 불가항력적인 종말론을 갖는 것으로 머무는 것이 아니라, 순환과 재생에 입각한 대안적인 에너지와 생명 순환에 근거한 정의로운 녹색 전환을 만들어가야 한다는 과제를 의미합니다. 카오스모제의 시각에서는 무질서와 질서는 하나이며, 그래서 재생과 순환은 생명의 순환과 생명이 살 수 있는 환경을 만드는 한 언제든 가능하다는 것을 알려줍니다.

비빔밥 같은 세상을 꿈꾸다

사실 비빔밥은 제대로 재료를 갖춰서 만들기로 들면 한없이 손이 많이 가는 음식입니다. 나물 하나하나 각기 따로 손질하고 무쳐서 맛을 낸 후 김이 모락모락 나는 흰 쌀밥 위에 가지런히 배열하고 맛있게 양념한 고추장과 계란을 얹고 나면, 음식이라기보다는 한 송이 꽃처럼 그릇 안에서 활짝 피어납니다. 그걸 보고 있으면 일단 눈이 즐겁지요. 그 위에 떨어뜨린 고소한 참기름 한두 방울이 코를 즐겁게 합니다. 게다가 슥슥 비비는 동안 그 맛에 대한 상상으로 머릿속까지 즐거워집니다. 그러고 나서 맨 마지막에야 비로소 혀가 즐거워질 차례가 됩니다. 각종 나물이나 고추장, 참기름 등등이 비빔밥의 맛을 내는 주요한 재료겠지만, 혹자는 비비는 기술에 따라 맛이 달라진다고도 합니다. 숟가락이 아니라 젓가락으로 비벼야 맛이 있다고 하는 사람이 있는가 하면, 다른 사람 말고 꼭 '우리 할머니'가 비벼야 맛있다는 사람도

   첫 번째 식탁: 철학이 담긴 우리 전통 음식

있습니다. 비빔밥은 오랜 시간과 정성, 그리고 잔손이 많이 가는 음식이지만 또 한편으로는 냉장고에 반찬과 밥만 있다면 누구나 커다란 양푼에 다 털어넣고 순식간에 슥슥 비벼서 먹을 수 있는 간편식이기도 합니다.

격식을 갖추지 않은 비빔밥은 어떤 식으로든 조합이 가능합니다. 명절에 남은 나물 반찬들을 밥에 얹어 참기름 한 방울과 고추장 반 수저만 더하면 훌륭한 산채 비빔밥이 되고, 냉장고에서 굴러다니던 야채들을 채 썰어서 올리고 먹다 남은 회 몇 점을 추가하면 일식집에서나 볼 수 있을 비싼 회비빔밥이 완성됩니다. 이름도 그때그때 많이 들어가는 재료의 이름을 따서 과감하게 붙여주면 됩니다. 여름철 열무김치를 넣고 고추장에 서걱서걱 비비면 열무 비빔밥, 콩나물이 듬뿍 들어가면 콩나물 비빔밥, 샐러드용 새싹이 들어가면 새싹 비빔밥, 해초가 들어가면 해초 비빔밥 등 여러 가지 이름이 붙은 비빔밥을 만들 수 있습니다.

비빔밥은 혼돈 속의 질서를 만드는 역동적인 음식입니다. 나물과 음식이 비벼지는 혼돈의 과정에서 새로운 맛의 질서를 느끼고 감동하게 되지요. 비빔밥은 동학농민혁명의 역사 속에서 해방의 질서가 만들어낸 새로운 예술작품이기도 합니다. 비빔밥에는 십시일반의 정신이 있으며, 서로 비벼져서 새로운 맛을 창조하는 변혁의 정신이 있습니다. 그뿐입니까. 비빔밥은 생태계의 혼란과 환경 파괴를 넘어서 새로운 대안을 고민하는 사람들이 꼭 생각해봐야 할 카오스모제의 구도가 있습니다. 질서와 혼돈을 넘나들며 대안을 꿈꾸는 사람이라면, 비빔밥에서 자신의 생태적 실천의 밑그림을 생각해볼 수도 있습니다. 비빔밥을 통해서 혁명이 배태할 혼돈 속의 질서라는 색다른 세계관과 접속한다면, 지금 당장 몇 가지 나물과 계란, 고추장으로 꽃과 같이 피어난 한 그릇 비빔밥을 뒤섞고 비벼봅시다. 비빔밥, 혼돈을 일으키면서도 질서를 갖고, 그러면서도 상호 침투하는 카오스모제의 음식입니다.

　　　　　　　　　첫 번째 식탁: 철학이 담긴 우리 전통 음식

평생 가난한 하숙집 밥으로 살았던
스피노자

Baruch Spinoza, 1632.11.25 ~ 1677.2.21

1677년 2월 21일 일요일 아침, 병상에 누워있던 스피노자는 여느 때와 마찬가지로 하숙집 주인 부부와 담소를 나누었습니다. 암스테르담에서 온 의사이자 친구인 로데빅 마이어는 진료 후 집주인에게 닭고기 스프를 끓여달라고 부탁했습니다. 스피노자가 맛있게 먹은 이 닭고기 스프가 그의 마지막 식사가 될 줄은 아무도 몰랐습니다. 집주인 부부가 오후에 교회에서 돌아오자, 마이어는 스피노자가 오후 3시쯤 숨을 거두었다고 말해주었습니다. 바짝 야위고 가진 것도 변변히 없었지만, 두 눈만은 밝게 빛났던 스피노자는 만 44세에 숨을 거두었습니다. 병상에 누워서도 하숙집 주인 부부와 담소를 나누고 기쁘게 마지막 밥상을 맞이했던 스피노자의 밥상은 무엇을 의미할까요? 그가 말했던 기쁨이라는 정서가 만들어낼 새로운 공동체 질서는 기쁨과 소박함으로 함께하는 가난의 밥상이었을지도 모릅니다.

스피노자의 《에티카》에는 기하학과 같은 공리와 정리, 증명을 통해서 범신론적 원리와 신체 변용이 가져다주는 기쁨과 슬픔의 정서 구도가 등장합니다. 스피노자는 검소, 순수, 간결을 신조로 삼고 살았지만 종교적 금욕주의가 아니라 자기 보존의 욕구인 코나투스conatus로 그의 삶의 긍정적인 원리를 설명했습니다. 스피노자는 부유한 유태인 상인의 아들이었지만 부를 승계한다는 것이 자신의 자유를 억압할 것이라 생각하고 집과는 완전히 절연했습니다. 그 후 장인으로 독립하여 당시의 첨단산업이었던 안경 세공을 하면서 가난하게 살아갔습니다. 그는 이후 죽을 때까지 하숙생으로 살았는데, 이를 두고 프랑스 철학자 들뢰즈는 스피노자를 하숙생, 유령, 은자, 여행자라는 수식어로 표현했습니다.

"자유인은 죽음을 생각하지 않는다. 그의 성찰은 삶에 관한 것이다" 라는 경구처럼 스피노자의 밥상에는 죽음에 맞선 삶의 역능의 완전한 승리가, 슬픔에 맞선 기쁨의 완벽한 승리가 있습니다. 그의 철학이 갖고 있는 욕망에 대한 긍정의 메시지는 탐욕과 갈애, 도착이라는 변형된 욕망에 대한 질문으로 이어집니다. "인간은 왜 예속을 영예라도 되는 것처럼 생각할까?" 스피노자가 가졌던 근본적인 문제의식이 68혁명이라는 욕망 해방운동과 근세 초기에 미리 접속이라도 했던 것 같은 느낌을 주는 이유는 무엇일까요? 스피노자의 식탁은 서로가 갖고 있는 욕망을 긍정함으로써, 서로가 상호 긍정하는 기쁨의 밥상입니다. 스피노자가 식탁에서 지었을 즐거운 미소를 상상해봅니다.

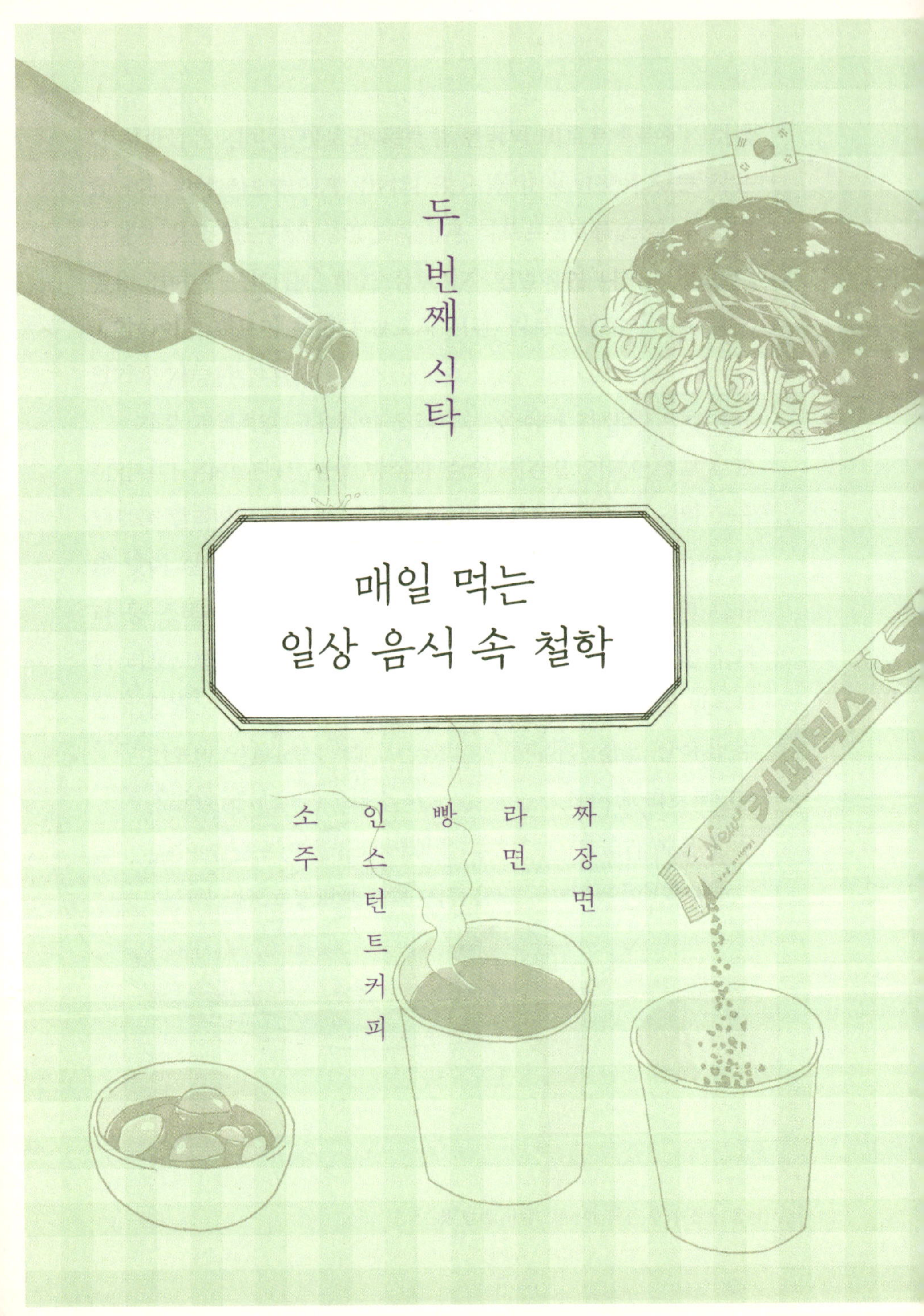

두 번째 식탁
매일 먹는
일상 음식 속 철학
소주
인스턴트커피
빵
라면
짜장면
New 커피믹스

짜장면과 시뮬라크르

진본보다 더 진본 같은 복제품

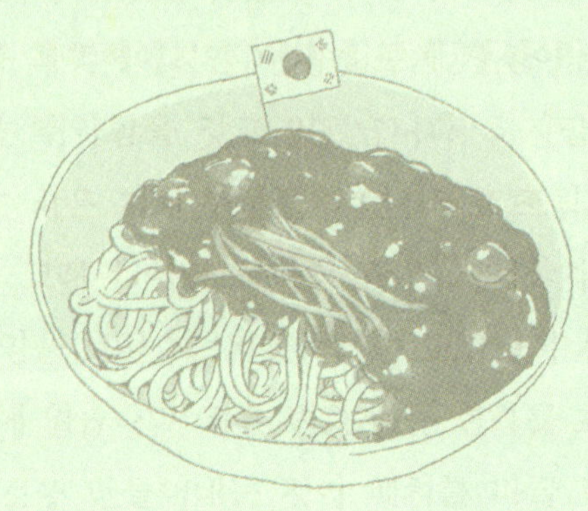

짜장면 같은 철학, 철학 같은 짜장면

아시다시피 짜장면은 본디 중국 음식입니다. 산둥반도에서 춘장을 볶아서 국수와 버무린 작장면炸醬麵이 시조였다고 하지요. 한국으로 이 작장면이 넘어온 것은 1905년 인천에 정착하기 시작한 화교에 의해서입니다. 원래의 작장면이라는 음식은 생대두 발효 맛이 그윽하게 느껴지며 마늘과 생채소가 첨가되어 신선한 맛

두 번째 식탁: 매일 먹는 일상 음식 속 철학

이 감도는 담백한 맛이었습니다. 작장면에다가 소금을 약간 뿌려 먹으면 짭짤하면서도 고소하고 담백한 춘장 특유의 맛과 풍미가 살아난다고 합니다. 맛에 있어서는 짜장면과 완전히 다른 것이죠. 우리나라의 짜장면은 영화장유라는 회사에서 개발한 '사자표 춘장'에서 그 유래를 찾을 수 있습니다. 이곳에서 캐러멜 성분이 들어가 달짝지근한 짜장면 맛이 시작되었다고 할 수 있습니다. 여기까지 이야기를 듣던 철학자는 짜장면을 먹다 말고 머리를 탁 치며 얘기합니다. "아 맞다 맞아! 플라톤 선생, 짜장면이 당신을 반역하고 있소!"

플라톤의 이데아론의 핵심은 우리 사는 세상은 진짜를 흉내 낸 가짜들이며, 원본이 된 진짜는 저 멀리에 따로 있다는 겁니다. "진짜이자 원본인 작장면이 아니라 가짜이자 사본인 짜장면을 먹는 미천한 중생들이여." 플라톤은 아마도 이렇게 조소할지도 모르겠습니다. 그렇습니다. 짜장면은 가짜이며, 진짜를 복제하다가 생긴 아류이자 짝퉁입니다. 그러나 가짜 작장면인 짜장면의 달짝지근한 맛과 향기에 익숙해진 우리나라 사람들에게 담백한 진짜 작장면은 생소하기만 합니다. 원래의 맛을 잃어버린 짜장면은 작장면이 가지는 그 의미조차도 잃어버린 듯합니다. 이렇게 사본이 진본과 멀어져 더 이상 진본의 복제품으로서의 의미조차도 잃어버릴 때 '시뮬라크르'라는 개념을 떠올릴 수 있습니다. 팝아트를 하는 예술가들은 이 시뮬라크르 개념을 어려움 없이 금방 이해합니다. 팝아트에서 서로를 흉내내고 카피하면서 원본에서 멀어져 완전히 다른 작품이 되는 과정이 묘사되기 때문이지요. 이를테면 아티스트들은 하나의 원본 사진이 있다고 하면 이걸 다른 색깔을 입히고 다른 식으로 복제해서 전혀 다른 느낌의 사진으로 만들어버립니다. 한국 맛으로 살아난 작장면, 아니 더 이상 작장면이 아닌 짜장면, 그것은 본래의 맛에서 멀어져서 완전히 다른 의미의 복제품이라는 점에서 시뮬라크르의 속성을 갖고 있습니다.

언어에도 시뮬라크르 현상이 나타납니다. 짜장면은 최근 얼마 전까지만 해도 표준말인 '자장면' 표기만이 인정되었습니다. 자장면은 작장면이라는 중국의 원음에 가장 가까운 발음을 갖고 있기 때문에, 원형에 가깝도록 설계된 발음입니다. 그러나 모든 사람들이 원형이 아니라 진본으로부터 멀어져 완전히 진본의 의미를 잃어버린 사본인 '짜장면'이라는 발음에 더 익숙해졌습니다. 아무리 아나운서들이 "자장면"이라고 발음을 해도 우리들은 "짜장면"이라고 말합니다. 물론 이런 어색한 장면은 최근 짜장면 발음이 자장면 발음과 병행되도록 표준어로 인정하면서 사라졌지만 말입니다. 짜장면과 자장면은 시뮬라크르 세계와 이데아 세계의 갈등을 언어적 측면에서 단적으로 보여주는 사례라고 할 수 있습니다.

　　　　　　　　두 번째 식탁: 매일 먹는 일상 음식 속 철학

원조와 전통은 없다

"짜장면이 왜 시뮬라크르인가?"라는 지점으로 돌아가봅시다. 텔레비전을 보면 원조를 자랑하는 맛의 달인들이 자주 등장합니다. "와, 원조라니 그들에게 특별한 맛이 있겠구나" 그러나 맛의 전통을 고수하자는 얘기는 새로운 맛의 실험과 복제의 과정과 대립합니다. 원본에 변화를 주어서 새로운 음식을 탄생시키고자 하는 노력은 원조와 전통을 자랑하는 사람들에게는 전통을 벗어나는 이단으로 보일지도 모릅니다. 고유한 것, 전통적인 것을 따지는 과거 세대의 향수와 달리 시대의 '흐름'은 수많은 복제와 색다른 맛의 재창조로 인해 이루어져왔습니다. "보다 이단적으로, 보다 짝퉁으로"라는 슬로건이 여기에 어울리겠습니다. 철학의 전통주의인 플라톤의 이데아론처럼 맛을 원조와 전통에 가장 가깝게 만들려고 하는 시도는 세계의 재창조 과정과 맛의 재창조 과정이라는 색다른 흐름에 몸을 싣고 떠나가지 못합니다.

시뮬라크르 개념은 플라톤의 책에서 아주 잠깐 등장하지만 프랑스 철학자 질 들뢰즈에 의해서 본격적인 철학적 개념이 되었습니다. 들뢰즈는 생애의 대부분을 아카데미에서 지냈습니다. 그와 함께 작업했던 펠릭스 가타리는 아카데미에서 벗어나지 못하는 들뢰즈의 상황을 보고 염소 목에 줄을 매어 풀을 뜯게 하면 한 반경만을 돌아다니며 풀을 뜯는다며 염소에 비유합니다. 아카데미에서 30년 동안 철학사만을 공부해온 들뢰즈는 가타리와 같은 실천 활동가와의 만남을 통해서 아카데미를 반역하는 멋진 모험을 감행했습니다. 들뢰즈가 가타리를 만나기 전에 썼던 박사 논문이자 저작으로 《차이와 반복》과 《의미의 논리》가 있습니다. 이 두 저작 중 《의미의 논리》가 바로 시뮬라크르에 대한 이야기입니다.

들뢰즈는 《의미의 논리》에서 플라톤을 거꾸로 읽는데, 원형과 원본의 진짜 세계인 이데아 세계가 아니라, 거꾸로 사본이 진본과 멀어져 더 이상 진본의 복제품으로서의 의미조차도 잃어버리는 '순수 차이로서의 시뮬라크르'를 발견합니다. 순수 차이, 시뮬라크르 세계라고 하면 어리둥절해 하실지도 모르겠습니다. "자, 그러면 시뮬라크르 세상이 어디일까요?"라고 묻는다면, 저 너머의 피안을 가리키는 사람들도 있을 것입니다. 그러나 그것과는 완전히 반대입니다. 완전히 색다르고 서로 이질적이어서 다른 몸짓, 다른 목소리가 나오는 바로 지금 여기 현실이 바로 시뮬라크르의 세상입니다. "여기 현실의 세상, 그게 시뮬라크르라구?" 원본이 없는 복제품으로 이루어진 세상은 가짜가 판을 치고 진실이 없는 생각이라고 생각하는 사람도 있을 수 있습니다. 그럼 짜장면이 알려주는 시뮬라크르로 돌아가서 생각해보는 것이 편할 것 같습니다. 짜장면이 등장하는 순간의 다름은 그냥 다름이 아니라 작장면으로 돌아갈 수 없는, 돌이킬 수 없는 다름입니다.

 두 번째 식탁: 매일 먹는 일상 음식 속 철학

이런 상황은 차이 속에서 자신이 인정받고자 하는 문화 상대론
이나 차이를 관용하고 인정하자는 똘레랑스 문화가 아니라 색다
른 다름을 만드는 것, 차이 생산과 특이성 생산이 문제입니다.

짜장면, 다름과 흐름의 역사

짜장면이 인천을 통해 들어온 시기, 인천에 주둔하던 미군들
은 소스라치게 놀랐습니다. 미군 물품을 운반하던 인부들이 인
천 부두항에서 까만 국수를 먹고 있는 겁니다. "오 마이 갓!" 미
군의 눈에는 충격적이었을 것입니다. 그래서 당신들이 먹고 있는
까만 음식이 도대체 뭐냐고 물으니 중국 음식이라고 대답을 합니
다. 그런데 그 짜장면을 '진찌 중국 음식'이라고 해도 되는 걸까
요? 짜장면과 작장면에는 단순히 맛의 차이, 조리 방법의 차이만
있는 것이 아닙니다. 짜장면에는 중국 음식 작장면과는 다른 의
미와 이야기가 담겨 있습니다. 맛을 재창조하는 과정에서 색다른
실험들이 시도됩니다. "아, 이거 넣고 저거 넣고 재미있는걸!" 이
러다보면 퓨전음식이 되고, 색다른 메뉴가 탄생합니다. 짜장면에
캐러멜이 들어가서 아이들이 굉장히 좋아하는 맛을 가지게 된
것처럼 말이지요. 작장면 특유의 맛이 사라지고 단맛으로 재탄생
한 짜장면은 '색다른 맛!'입니다.

맛의 변형과 재창조는 음식의 역사가 흐름의 역사라는 것을 말해줍니다. 사람들이 진본의 맛으로부터 점점 멀어지려고 하는 것은 자신만의 색다른 맛을 창조하려는 욕망의 흐름 때문입니다. 원래의 맛을 살리는 것도 중요하지만 완전히 다른 것, 즉 이전에는 없던 새로운 맛을 만들어보려고 시도하는 것도 매우 중요합니다. 맛의 흐름을 추적하면서 역사의 흐름을 혀로 느껴본다면 오미자처럼 새콤달콤하면서도 매콤하고, 씁쓸하면서도 짭짜름한 오만 가지의 맛을 느낄 수 있습니다.

혹자는 변화하지 않고 고정되어 있는 현재의 삶이 가장 현실적이라고 강변합니다. 그러나 변화가 만들어낼 새로운 미래로 향하는 것이 현실이라고 생각하는 사람들은 사소한 차이가 만들어낼 색다른 변화에 대해서 예민하게 감응하는 사람들입니다. 시뮬라크르라는 다소 어려운 개념이 보여주는 것은 우리가 살아가는 현실이 고정되어 변화하지 않는 것이 아니라 차이와 다양성이 만개되어서 변화하고 있는 현실이라는 점입니다. 혹자는 이렇게 말합니다. "그래 세상은 변해야 하고, 강은 흘러야 하고, 아이들은 놀아야 해!" 맞는 얘기입니다. 혹여 이러한 실험이 이단시되더라도 맛을 재창조하는 일에 뛰어드는 것을 두려워할 필요가 없습니다. 짜장면이 갖고 있는 시뮬라크르적인 진실이 우리에게 있으니까요. 짜장면의 시뮬라크르는 원조와 전통의 권위에 억눌리지 않는 순수 차이의 세상이 맛을 재창조하고 세상을 재창조할 수 있음을 온몸으로 보여주고 있습니다.

이데아를 비웃는 짜장면

삼선 짜장, 유니 짜장, 유슬 짜장, 수타 짜장, 쟁반 짜장 등 중국집 메뉴판에 열거된 다양한 짜장면의 종류에서 짜장면이라는 원본으로부터 끊임없이 사본으로 발전하고 있는 음식과 맛의 전개 과정을 엿볼 수 있습니다. 예를 들어 사천 짜장이 매운 소스를 통해서 짜장의 춘장으로부터 분리되어 짬뽕맛에 더 가까워진다면 이제 원본과 멀어진 사본으로서 독자적인 맛을 갖게 되는 겁니다. 세계 곳곳에서 음식을 두고 벌어지는 다양한 시도는 맛의 혁명입니다. 혁명이라니, 너무 거창하다구요? 저는 혁명이 담고 있는 다름과 다양성, 즉 차이 생산을 강조하고 싶습니다. 이미 사방에서 색다른 맛의 탄생이 끊임없이 이루어지고 있습니다. 경계와 원본의 권위로부터 벗어나는 사본의 탄생이 이루어지고 있습니다. 원래의 맛, 원조의 맛, 전통의 맛이 따로 있는 것이 아니라 음식은 역사와 시대에 따라 변해왔고, 시뮬라크르의 역사를 만들어왔습니다.

맛의 전통과 권위에 의존하는 것보다 새로운 실험과 맛의 재창조에 나서면 하나의 음식의 계보를 탄생키시는 역동적인 흐름

     두 번째 식탁: 매일 먹는 일상 음식 속 철학

의 이미지가 나타납니다. 짜장면은 한국의 독특한 역사와 사회 현실을 반영하는 음식이며 사람들에게 사랑받는 음식입니다. 원본의 권위에 의존하지 않고 색다른 맛을 재창조했습니다. 시뮬라크르의 음식 짜장면은 창조와 역동의 음식입니다.

짜장면 한 그릇은 배고프고 바쁜 직장인이 일용하는 양식이며, 취업이다 스펙이다 정신 없는 대학생들의 위장에 평화와 평등의 축복을 내려주는 음식임이 틀림없습니다. 주어진 차이의 효과에 대해서 주목하지 말고 차이 생산의 강력한 지평을 생각해봅시다. 작장면이 짜장면이 되었을 때의 획기적인 순간에 주목해 보자는 얘기입니다. 결국 시뮬라크르, 낯선 것, 이질적인 것, 차이, 다름, 모두 같은 의미를 담고 있는데 어렵게 이야기한 것 같네요. 이데아를 비웃는 짜장면의 향연을 보고 플라톤은 어떤 말을 할까요?

라면과
속도 문명

라면 물이 끓는 시간

꼬들꼬들한 면발을 살리면서도 얼큰한 맛을 우려내는 라면 끓이기 노하우를 모두 하나쯤 가지고 있을 겁니다. 특히 자취를 해본 사람이라면 말할 것도 없지요. 라면과 철학 이야기를 하기 전에, 먼저 라면 하나를 끓여볼까요? 팔팔 끓는 물을 들여다보며 인문학적 상상력에도 불을 지펴봅시다. 일단 라면 물을 가스레인지

두 번째 식탁: 매일 먹는 일상 음식 속 철학

에 올려놓으면, 그 뒤로는 아주 짧은 시간만이 허락됩니다. 사방이 시끄럽게 오토바이 소리, 자동차 소리, 텔레비전 소리로 가득하다면 라면에 가장 잘 어울리는 배경음악이 생긴 것입니다. 라면이 끓는 시간은 아주 잠깐이며, 먹는 시간은 더 잠깐입니다. 최대한 빠른 속도로 해치울 수 있고 배고픔을 해결할 수 있어야만 하던 일을 금방 다시 시작할 수 있기 때문이지요.

사실, 라면에는 음식의 깊은 맛이나 오랜 시간 기울인 정성이 없고 빠른 시간 내에 일정한 수준의 음식을 만들어내는 표준화된 틀만이 존재합니다. 물론 라면으로 배를 채운 사람들에게도 행복의 느낌과 포만감이 찾아오는 것을 보면 그 나름대로 기쁨을 가져다주는 음식임에는 분명하지만요. 라면을 끓이는 짧은 시간 동안에도 공복의 설렘과 혀끝을 감도는 라면 맛의 기억으로 가스불을 디 올리고 싶습니다. 빨리, 더 빨리 그리고 간편하게 음식을 만들고 싶다는 생각과 더 맛있게 만들려는 마음도 공존합니다. 얼마나 그 시간이 애가 타면 컵라면에 물을 붓고 기다리는 시간을 두고 '세상에서 가장 긴 3분'이라는 표현이 있을까요?

라면밖에 먹을 것이 없는 가난한 청년 세대, 그 전쟁과도 같은 시절 속도를 필요로 하는 시간에 라면은 마치 소품처럼 등장합니다. 그 옛날 가난한 예술가의 주식은 라면이었고 안주도 라면이었습니다. 안주로 나온 라면 면발을 조금씩 집어먹으면서 예술의 투혼을 생각했습니다. 청춘과 라면에 대해서라면 거창하게 예술까지 갈 것도 없습니다. 대학생 시절 등록금 낼 돈이 없어서 휴학을 하고 가난한 달동네 쪽방에 기거했던 적이 있습니다. 머리가 깨질 것 같은 기계소리, 빨리빨리 돌아가는 작업 선반과 40분도 채 되지 않았던 점심시간의 기억 너머로 야근과 특근 중간에 나왔던 라면의 고소한 냄새가 생생히 기억납니다.

　라면이 전쟁 중 필요에 의해 연구되고 개발되었다는 역사를 보면, 확실히 라면은 전쟁과 속도와 긴밀한 연관을 갖습니다. 현재의 라면의 형태는 2차 세계대전이 끝난 직후, 대만계 일본인 안도 모모후쿠에 의해서 발명되었습니다. 더 거슬러 올라가면 전쟁에서의 필요 때문이었지만, 전후 미군의 구호품으로 밀가루가 많았던 탓에 이를 어떻게 하면 이용할 수 있을까가 사람들에게 관심사였고 그에 적합한 음식으로 라면이 간택된 것입니다. 밀가루 반죽을 기름에 튀겨 수분을 증발시켜 그 안에 뜨거운 물이 들어가면 익도록 만든 것이지요. 한국에서는 1963년에 최초로 삼양라면이 라면을 시판했습니다. 라면이 공장에서 한창 생산되던 1980년대에 라면 공장의 현실은 속도전이었습니다. 컨베이어 벨트가 움직이기 시작하면 여공들은 튀긴 면 위에 스프를 손으로 일일이 올려놓는 작업을 해야 했으니까요. 속도는 빠르고 일은 단순 반복적이라 노동자들은 거의 졸면서 스프를 올려놓았다고 합니다. 이제는 라면 스프를 놓는 작업이 자동화 되었다고는 하나, 라면 공장의 옛 풍경은 라면이 산업화의 속도전과 긴밀한 관

　　　　　두 번째 식탁: 매일 먹는 일상 음식 속 철학

계를 갖는다는 것을 말해줍니다. "라면을 먹고 속도전을 수행하는 산업 역군들이여, 빨리, 더 빨리 움직여라!"라는 우렁찬 명령이 당시 라면 공장 속 라면에 숨어 있습니다. 그래도 조리 도구가 있고 끓일 시간적 여유가 있는 경우라면 다행입니다. 컵라면 하나에 한 끼를 해결해야 하는 경우도 비일비재합니다. 자본주의 사회의 무지막지한 속도에 따라가려면 컵라면의 3분이라는 시간도 아껴야 할지도 모르겠습니다.

속도를 생각하며 라면을 먹다

속도전에 대해 처음으로 깊이 생각한 사람은 《손자병법孫子兵法》을 쓴 손무였습니다. 손무는 오나라가 월나라와의 전쟁에서 이길 수 있는 병법 중에서 속도전 개념을 처음으로 창시했습니다. 그 유명한 '지피기지 백전불태知彼知己 百戰不殆'라는 구절로 잘 알려진 《손자병법》은 처세술에서 많이 인용되는 책입니다. 일본군이 대만과 중국을 침공하던 시기, 속도전에 적합한 라면에 대한 연구가 일본인들 사이에서 많이 퍼져 있었습니다. 아주 간편하고 빠르게 군인들에게 식량을 조달하기 위한 방법 연구는 계속되었고, 결국 현재의 라면이 되었습니다. "손자가 살아있다면 라면을 병법서에 넣을지도 몰라" 이런 생각을 갖게 된다면 속도전의 음식인 라면의 철학에 조금이라도 근접한 것입니다.

이제 라면을 먹을 시간입니다. 그렇다고 너무 급하게 먹을 필요도 없지만, 불어버릴 때까지 천천히 먹으면 제대로 된 라면 맛을 느낄 수 없을 거예요. 속도의 철학은 프랑스 정치이론가이자 예술가인 폴 비릴리오의 《속도와 정치》에서 처음으로 철학적으로 사유되었습니다. 비릴리오는 2차 세계대전 시기 독일군의 전격전이라는 속도전에 깊은 정신적 외상을 입었고, 알제리 독립 전쟁에도 참여했습니다. 이러한 경험이 그로 하여금 속도와 전쟁에 대한 깊이 있는 정치철학을 갖게 하였습니다. 비릴리오의 속도는 양가적인 성격을 갖습니다. 속도 개념이 자본의 속도와 혁명의 속도를 동시에 설명하고 있는 것입니다. 한편으로 발전과 성장의 속도가 있는가 하면, 다른 한편으로 혁명의 속도가 있습니다. 여기서 속도 개념이 외연적이라면 운동은 내포적입니다. 빨리 빨리 움직이는 모든 것들의 비밀을 파헤치려 했던 비릴리오는 정치 행위가 속도에 대한 제어장치 역할을 한다고 보았고, 혁명이 속도를 감속하는 것이 아니라 가속화하는 것이라고 보았습니다. 국내 학생 운동이 치열했던 1980년대 후반에는 "해방을 앞당기자!"라는 얘기가 있었습니다. 비릴리오를 읽다보면 혁명에도 속도감이 있다는 것을 알 수 있습니다. 이에 따르면 100년이나 지나야 이룩될 과제들을 일순간 쟁취하는 것이 혁명입니다. 이를테면 민주화 항쟁의 정점이라고 일컬어지는 1980년대 투쟁에도 속

       두 번째 식탁: 매일 먹는 일상 음식 속 철학

도감 있는 거대한 물결이 있었고 사람들은 앞을 향해 달렸습니다. 하나의 작은 분자가 갑자기 속도를 내기 시작하면 그것과 연관되어 있는 다른 분자들도 요동치기 시작하고 성질을 바꾸는 것처럼 혁명이 만들어내는 속도는 전체의 사회적 배치를 바꿉니다. 들뢰즈와 가타리 식으로 얘기하자면 '혁명적 탈영토화'의 움직임이라고 할 수 있습니다. 사무실과 학교와 공장과 자신의 거주지를 벗어나서 미래를 앞당기기 위한 혁명적 속도가 생성되었고, 사람들은 거리를 향해 달렸습니다. 일상에서라면 자동차의 속도를 통해 자본이 순환하도록 설계되어 있던 도로가 일순간 점령되어 혁명의 속도로 바뀌었지요.

자본주의는 속도 문명입니다. 그러나 그것은 혁명의 속도와 엄밀히 구분됩니다. 자본주의는 교통수단을 통해서 속도를 점유하고, 물리적·심리적 거리간을 없애기 위해서 끊임없이 노력해왔습니다. 이동, 운동, 속도는 계급을 비롯한 자본주의 사회 구성과 긴밀한 관계를 갖습니다. 차를 타고 학교로 강의를 하러 가고 있었는데, 도로가 엄청나게 막혀서 차에서 긴 시간을 보내야 했던 적이 있습니다. 예정된 시간이 다가왔기 때문에 조급함과 분노가 일어 차에서 내렸을 때, 차가 멈출 수밖에 없었던 이유를 알게 되었습니다. 용산 철거민들의 시위가 차를 멈추게 하고 '시간의 바리케이트'를 설치했던 것입니다. 그 순간의 기억은 강렬합니다. 자본주의의 시간을 멈추기 위해서 격렬하게 싸우고 있던 철거민들,

RECALL
START/STOP
RESET
0:00 03
QUARTZ STOPWATCH

그들의 구호는 일순간 정지된 시간 속에서 각박했던 일과표를 정지시키고 새로운 생각을 하게 했습니다. "용산 철거민들의 절규는 무슨 의미일까? 자본주의의 엄청난 속도를 멈추게 한다는 것은 무슨 의미일까?"

다시 비릴리오의 얘기로 돌아가봅시다. 그는 자본주의 사회가 사실상 총력전과 전격전이라고 할 수 있는 속도의 전쟁을 하고 있다고 고발합니다. 그에 따르면 움직이고 속도를 점유하는 모든 것은 일종의 전쟁입니다. 속도를 일으키며 달리는 자동차에서, 속도를 일으키며 움직이는 공장의 자동기계에서, 빛의 속도로 이루어진 스마트 정보 장치에서 일종의 전쟁 기계를 발견한 비릴리오의 통찰력은 들뢰즈와 가타리의 전쟁 기계 개념과 유목민 개념인 노마드 개념으로 드러납니다. 그런데 여기서 약간의 혼란이 빚어질 수 있습니다. 전쟁 기계나 노마드 개념이 다분히 양가적이어서 시간과 공간의 장벽을 주파하려는 혁명적 전사로 해석될 수도 있고, 빨리빨리 움직이려는 자본주의의 속도전으로 해석될 수도 있다는 점 때문입니다. 이런 오해는 급기야 논쟁으로 이어졌습니다.

들뢰즈와 가타리가 쓴 《천개의 고원》을 둘러싼 노마디즘(유목주의) 논쟁에서 농부이자 철학자인 천규석 씨는 《유목주의는 침략주의다》라는 책으로 파란을 일으켰습니다. 노마디즘의 자유로운 이동과 속도에 대한 찬양은 국경을 넘나드는 초국적 금융자본의 무자비한 이동과 속도와 매우 닮아있다는 것이 천규석 씨의 통찰이었습니다. 그러나 들뢰즈와 가타리의 노마드는 어떤 고정관념이나 틀에 사로잡히지 않은 유목적 사유방식을 의미합니다. "나는 이리저리 떠나고 싶고, 나를 예속시킨 질서로부터 벗어나고 싶고 자유롭고 싶다." 이런 생각이 노마디즘인 것입니다. 늘 정해진 시간에 일어나 정해진 식사를 하고, 미리 결정된 직장, 가정, 학교를 오가며, 똑같은 일상을 살고 있는 사람에게는 자신의 삶의 방식과 고정된 틀을 벗어나 이리저리 떠나고 이동하는 것이 창조적인 삶을 시작할 수 있는 계기가 될 수 있습니다. 고정된 사고와 영토, 규칙에서 자유롭게 벗어나고자 하는 욕망을 표현하는 노마디즘을 빛의 속도로 움직이는 국경을 넘나드는 초국적 금융자본의 움직임과 동일시했던 오해는 속도가 지닌 이중적인 의미로 인한 것입니다.

'혁명의 속도'와 '자본의 속도'를 엄밀히 구분하지 않아서 생길 수 있는 오해는 비릴리오에게서 시작되며, 들뢰즈와 가타리에게서도 나타납니다. 자본주의의 속도가 정지한 상태에서 혁명의 속도가 발생하듯이, 유일하게 규정할 수 있는 노마드의 개념은 생명의 순환의 속도인 느림과 여백이라고 생각합니다. 혁명의 속도는 단순히 어떤 것이 더 빠르고 느린지의 문제가 아닙니다. 가속과 감속의 과정을 겪으면서 이전엔 한 번도 경험해보지 못한 빠름과 느림이 만들어낼 엄청난 변화를 의미합니다. 빛의 속도로

　　　　　　두 번째 식탁: 매일 먹는 일상 음식 속 철학

가기를 원하는 자본주의적 욕망은 더 이상 정답일 수 없습니다. 달팽이처럼 느리고 굼뜨지만 끊임없이 움직여야 합니다.

라면의 공간, 속도의 공간

　라면을 먹는 공간은 어떤 곳일까요? 라면을 먹는 속도가 워낙 빠르다보니 부엌이라는 공간은 느림과 여백, 생성의 공간이 아니라, 빠름, 일회성, 소비의 공간으로 느껴집니다. 속도는 공간을 새롭게 규정하고 완전히 다른 의미로 만들어버리는 지도 모릅니다. 자본주의는 공간적 거리를 없애기 위해서 노력하며 질주하는 탄도미사일과 같은 움직이는 공간 배치를 꿈꾸어왔습니다. FTA와 같은 자유무역협정은 공간과 거리를 완전히 사라지게 하겠다는 자본의 꿈을 담고 있습니다. 우리가 먹는 수입산 치즈는 배를 비롯한 다양한 운송 수단을 통해 들어오기 때문에 생산하는 에너지보다 운송하는 데 에너지가 더 많이 드는 상황에 처해 있는 것이지요. "속도를 통해서 거리감을 완전히 사라지게 하겠는 것이 왜 문제인가?" 이런 질문에 잘 대답하기 위해서는 현재의 자본주의 국가가 속도 문명을 통해서 어디로 향하고 있는지를 살펴보아야 합니다.
　폴 비릴리오는 탈근대 자본주의가 질주하는 탄도미사일과

같이 정보 폭탄과 핵에너지를 통해서 지리적인 종언을 이룩하려 한다고 지적했습니다. 핵에너지는 속도 문명의 최종 결과물이며, 향후 자본의 성장과 발전의 속도를 보장할 수 있는 유력한 에너지원이 되고 있습니다. 화석 연료만으로는 이렇게 빠른 개발과 성장의 속도를 보장할 수 없기에 자본주의는 자신의 생명을 담보로 한 핵에너지를 늘려왔습니다. 우리의 인식이 원자의 단위로 내려가면 더 이상 주관과 객관의 이분법이 불가능해지는데, 그 이유는 '본다'는 행위 자체가 투여하는 빛에 의해서 원자가 간섭 작용을 일으키기 때문입니다. 이러한 주관·객관의 해체와 마찬가지로 핵국가의 수준에서는 거리와 공간이라는 개념이 완전히 사라집니다. 완벽한 절멸이 평화를 보장하고 모든 노마드적인 움직임이 핵우산 아래에서 포획되어진다는 역설적인 설정 때문입니다. 이러한 핵의 강력한 차단벽은 공간을 재창조하고 재연출하는 색다른 혁명적 속도의 감속과 가속을 불가능하게 하고 제어합니다.

라면을 먹으면서 느꼈던 부엌이라는 공간에 대한 느낌을 생각해봅시다. 라면의 속도감에 따라 공간은 새롭게 연출됩니다. 된장찌개를 먹는다면 라면과 달리 감속이 이루어지고 공간이 새롭게 연출될 것입니다. 그 속도감, 그 공간 연출과 마찬가지로 혁명의 감속과 가속에 따른 공간 연출은 다를 수 있습니다. 여기서 핵국가는 속삭입니다. "너희들이 도망치려 해도 혁명을 하려 해

    두 번째 식탁: 매일 먹는 일상 음식 속 철학

도 이미 공간의 절멸을 전제로 한 핵 권력이 있는 한, 새로운 공간 연출은 불가능하다." 저는 원자 단위, 나노 단위로 작게 쪼개는 분석적 방법론을 가진 현대의 핵 기술 원리가 생태, 생명, 생활의 종합적인 공간 연출의 지평을 파괴한다고 봅니다.

자본주의의 무지막지한 속도는 지리적 공간을 점차 희미하게 만들고 있으며, 생명의 창조 발화가 갖고 있는 느림과 여백의 공간과 시간을 소멸시키고 있습니다. 후쿠시마 원전이 폭발하던 때를 기억하시지요? 시간이 지나 피난 갔던 후쿠시마 사람들은 망연자실하여 다시 방사능이 가득한 삶의 터전으로 돌아갔습니다. 속도 문명이 극단적으로 치달아 만들어진 핵문명 속에서 생명들이 살아갈 수 없는 환경이 만들어집니다. 핵문명의 기괴한 생명 파괴의 물결에 맞서는 것은 생명을 살리기 위한 가장 근본적인 움직임입니다. 지금이야말로 정말 성찰과 생성의 시간, 느림의 시간이 필요한 때가 아닐까요? 그것은 라면을 if(만일~라면)라고 상상할 수 있는 깊은 철학의 시간이 필요해서 일지도 모르겠습니다.

빵과 가상성

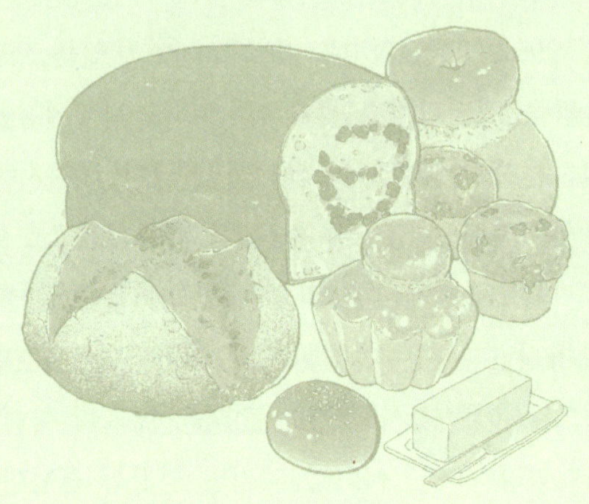

부풀림이 주는 신비한 현상

오븐 안으로 들어간 밀가루 반죽을 가만히 들여다보면 반죽이 노릇노릇하게 구워지면서 몸체를 두세 배로 만들어 부드러운 속살을 만들어내는 모습이 보입니다. 빵을 구울 때의 기다림과 기대감이 어떤 시간과도 바꿀 수 없이 매력적인 이유는 마법처럼 통통하게 부풀어 오른 빵을 오븐에서 끄집어내는 그 순간 때문일 겁니다. 납작한 반죽 덩어리가 상상력이 부풀어 오르듯 오동통해진 빵이 되는 것을 바라보며 어떤 철학적 단서와 우주의 신비를 찾을 수 있다면, 좋습니다, 그게 바로 철학입니다. 빵을 통해서 색다른 것을 생각할 수 있다면, 그것으로서 뇌 폭풍이 일어날 수 있다면 그것으로 충분합니다.

원래 인류는 무발효 빵을 오랜 기간 동안 먹어왔습니다. 신석기 시대의 무발효 빵의 화석이 스위스 호숫가에서 발견되었을 때, 사람들은 초기 인류가 부풀림 없는 빵을 먹었음을 알게 되었습니다. 씹는 질감과 느낌이 얼마나 딱딱했을까요? 아마 누룽지를 먹는 느낌이었을 겁니다. 부풀림 없는 빵을 먹는다는 것은 상상력이 없는 시간과 같습니다. 부풀림의 신비에 인류가 처음 접근했던 것은 이집트 메소포타미아 문명 시기였습니다. 추정컨대 그 시기 동안 곡물을 이용해 발효주를 만들던 누군가 재료를 불에 구워보니 부풀어 오르는 현상을 발견하고 사람들이 놀랐을 것입니다. "이야! 술은 기막힌 상상을 유발하더니 부풀어 오르는 빵으로도 만들어지는구나!" 술이 상상력에 불을 지피고 기분을 좋게 하는 것처럼 발효의 부풀림으로 만들어지는 빵을 보며 신기하게 생각했을 겁니다. 여기서 철학자는 한마디 합니다. "빵의 부풀림에 매료된 인간들이여, 이제 가상과 신비의 세상이 가까워지리라."

성경을 보면 오병이어五餠二魚의 기적 이야기가 나옵니다. 예수님이 언덕에서 말씀하실 때 수만 명의 사람들이 그를 따랐다고 합니다. 시간이 지나 저녁 때가 되어 먹을 것이 없어 고민할 때 한 소년이 빵 다섯 개와 물고기 두 마리를 내놓았습니다. 예수님은 이것을 그곳에 모인 사람들에게 나눠주었는데 5000명이나 되는 많은 사람이 배불리 먹고도 남았다는 것입니다. 이것을 두고 예수님의 기적이라고 후대 사람들은 이야기 합니다. 이 기적에서 빵이 등장하고 음식이 부풀려지는 현상이 나타납니다. 물론 무엇인가를 나눌수록 공동체가 더 풍요로워지고 사람들 사이에서 부풀림이 생기는 것은 분명합니다. 나눔은 부풀림을 동반하며 빵의 나눔이라고 할 수 있는 행동은 부풀림의 가상성에 의해서 저마다 더 부드럽고 풍요로운 마음을 갖게 합니다. 우리 삶의 사이사이에서 숨 쉬는 부풀림을 들여다보고 그것을 가상적 포만감으로 이끄는 작동 방식에 대해서 이야기해볼까 합니다. 머리가 아프다면 일단 빵을 한입 물고 부풀림의 미학이 부드럽고 달콤하게 혀에서 감도는 것을 느껴봅시다.

빵의 어원에서도 조각남과 나눔의 의미를 찾을 수 있습니다. 빵은 영어로 Bread이고 독일어로는 Brot, 네덜란드어로는 Brood입니다. 이는 모두 고대 튜튼어인 Braudz(조각)에서 유래된 것으로, 어원은 '조각나다Break'에 있습니다. 우리가 말하는 빵이라는 말은 포르투칼어 빤pão이 일본에 들어오면서 일본을 거쳐 우리나라로 수입되어 발음된 것입니다. 포르투칼어 pão이나

　　　　　두 번째 식탁: 매일 먹는 일상 음식 속 철학

프랑스어 Pain, 스페인어 pan은 그리스어 pa, 라틴어 panis에서 유래한 것으로 영어의 조각part과 유사한 어원을 갖습니다. "빵은 나누어져야 하고, 자유는 확대되어야 합니다. 빵과 자유를 위한 투쟁은 영원합니다." 영화 〈빵과 장미〉를 본 사람이라면 누구라도 그런 상상을 품게 될 것입니다. 우리는 단 한가지 이유만으로 무엇인가를 나누지는 않습니다. 화폐는 계산 가능성이라는 한가지로만 나눔을 획일화하지만, 나눔에는 여러 가지 이유가 있고 그 다양한 이유는 가상성에 기반을 둡니다. 조각과 조각이 연결되려면 가상성이 필요하기 때문이지요.

생명의 부풀림이 가상현실을 만든다

빵 재료를 잘 섞고 치대어 찰진 반죽 덩어리를 만들면 이 덩어리가 발효되어 충분히 부풀 때까지 기다리는 시간이 필요합니다. 이때 시간이 남는 주부들은 인터넷에 접속해서 가상현실 속에서 빵의 부풀림을 기다립니다. 빵 굽는 시간과 가상현실에서의 시간이 다르지 않다면 어떨까요? 상상해봅시다. 생명이 저마다 자신이 만든 가상현실 속에 산다면 어떨까요? 뭐라고요? 가상현실은 인터넷 속에만 있지 않냐고요? 가상현실은 게임이나 채팅, 인터넷 세상에만 있는 것이 아닙니다. 장자의 호접몽蝴蝶夢을 다시 생각해봅시다. 어느 더운 여름날 정자에서 잠을 자던 장자는 꿈에 빠져듭니다. 그 꿈에서 장자는 나비가 되어 온갖 곳을 날아다닙니다. 워낙 생생했던 꿈인지라 장자는 꿈에서 깨어나서도 내가 나인지, 나비가 나인지 모르겠다고 말합니다. 가상현실에 대한 고대 철학적 사유는 꿈에 대한 것이었습니다. 우리는 꿈꾼다는 것을 잠들고 나서부터라고 생각하는 경우가 많습니다. 그리고 그런 꿈과 같은 현실인 가상현실이 사실 생명 자신이 만들어놓은 부풀림의 현실이라는 점을 생각하지 못하는 경우가 많습니다.

지구 환경이 아주 열악했을 때를 상상해봅시다. 생명이 막 탄생했을 때, 이 생명체들은 외부 환경에 맞서기 위해서 자신이 살아갈 수 있는 내부 환경을 만들었습니다. 그것은 자신을 부풀려서 마치 그것이 현실인 것처럼 착각할 수도 있게끔 만든 가상현실이었습니다. 이를테면 꽃이 화려하고 아름답게 자신을 부풀리는 이유는, 어려운 환경 속에서 생명을 지키고 생식 활동을 하면서 살아남기 위해서 자신을 부풀리는 것이었습니다. 또한 공작새가 아름답게 자신을 부풀리는 이유는 암컷과 수컷이 서로에게 호감을 갖도록 하기 위함이었습니다. 이러한 부풀림의 현상은 마치 자신이 살아가고 있는 현실이 자신에게 가장 우호적이라는 착각을 갖게 만드는 경향이 있습니다.

그러나 대부분의 사람들은 가상성을 생명의 부풀림과 다른 방식으로 해석하는 견해에 쉽게 경도되곤 합니다. 이를테면, 영

   두 번째 식탁: 매일 먹는 일상 음식 속 철학

화 〈매트릭스〉를 보면 가상현실을 허위이며 가짜 세상이라고 규정하고, 마치 진짜 세상이 따로 존재하는 것처럼 얘기합니다. 이 영화는 포스트모던 사상가 보드리야르의 '시뮬라시옹' 철학을 바탕에 두고 현존 자본주의가 갖고 있는 지배 사상의 맥락에서 가상현실을 왜곡한 것입니다. 자신이 가짜 세계 속에 살고 있음을 알게 된 네오가 번뜩이는 깨달음에 이른 세계조차도 가상세계일 수 있다는 의심이 충분히 가능한 것입니다. 즉 모든 현실은 가상현실입니다. 여기서의 가상은 허위나 가짜가 아니라 현실을 살아가는 생명의 부풀림입니다.

왜 동물을 비롯한 생명들은 자신을 부풀리는 것을 통해서 가상현실을 만들었을까요? 자신이 죽지 않기 위한 필사의 노력이 아니었을까요? 엄혹한 환경, 열악한 조건 속에서 사실 생명들이 살아기는 것은 꿈과 같은 현실입니다. 사람들은 깨어있는 현실 속에서 살아가는 것이 먼저이고, 꿈꾸는 것이 나중이라고 생각하곤 하지만 실상은 그 반대가 진실입니다. 꿈꾸는 것이 생명현상 속에서 우선이었고, 가장 이성적으로 깨어있는 지금 이 순간조차도 사실은 꿈꾸는 가상현실의 일종입니다.

빵 발효의 부풀림과 같은 생명의 부풀림은 어떤 효소 작용이 투입과 산출을 할 수 있는 가상현실을 의미합니다. 어렵게 느껴진다면 빵의 표면을 만져보세요. 딱딱할 것입니다. 그럼 내부를 만져보세요. 부드러울 것입니다. 생명의 기본적인 형태인 세포

도 빵의 발효와 같이 외부의 세포막을 딱딱하게 만들면서 내부에서 효소 작용을 통해서 생명이 살 수 있는 부드러움을 만들어냅니다. 빵과 똑같습니다. 그 내부 환경이 바로 가상현실입니다. 생명의 세포막이 만든 내부 현실은 가상현실이며 엄혹한 외부 현실로부터 자신을 보호하는 생명의 부풀림입니다. 왜 굳이 가상현실이라고 규정하는가 하면, 실제 현실에서 존재하지 않는 부드러움과 따뜻함이 있기 때문입니다.

생명의 신비는 빵 발효의 신비스러움과 같습니다. 마치 꿈같은 삶을 만들어냅니다. 가장 열악한 환경에서 살아가는 생명일수록 가장 화려합니다. 그리고 자신을 부풀려서 외부 환경으로부터 맞설 수 있는 내부 환경을 만들어냅니다. 그렇기 때문에 가상현실은 바로 지금 살고 있는 현실이며, 빵의 부풀림의 원리와 똑같이 만들어지는 생명의 부풀림에 의한 현실입니다. 너무도 힘든 현실에 직접적으로 대면하지 않고 색다른 환경과 현실을 만들어내는 생명의 신비를 생각해볼 때, 우리가 살고 있는 현실이 가상현실이라는 진실에 다가가게 됩니다. 꽃이나 새, 나무, 고양이, 강아지, 소, 돼지 등 모든 생명체들은 이 부풀림의 미학에 의해서 자신을 아름답게 창조 발화하고 가상현실을 만들어낼 수 있는 능력을 갖고 있습니다. 가상현실을 떠올리면 마치 디지털 세상이나 일종의 판타지fantasy를 유발하는 공간과 같은 가짜 현실을 떠올리기 쉽습니다. 그러나 가상현실은 생명의 부풀림이 만든 생명의 영토를 품고 있습니다. 그러므로 가상현실이야말로 진짜 현실이 아닐까요?

빵이 부풀듯이 생각도 부풀고

칠레의 생물학자이자 철학자인 움베르또 마투라나와 프란시스코 바렐라는 생명 현상이 바로 마음이라는 매우 중요한 이야기를 합니다. 마음속에서 존재한다고 여겨지는 심리적 요인들이 생명 현상과 따로 존재하는 것이 아니라 바로 생명 현상 자체임을 말합니다. 이에 따르면 숲의 벌레와 나무는 자신이 생명으로 창조 발화하는 것 자체가 그들의 마음의 구조를 의미합니다. "벌레는 생각한다, 벌레가 움직이는 대로. 꽃은 생각한다, 꽃이 피어나는 대로." 이런 생각을 갖게 되면 이미 생명의 부풀림과 가상성의 관계를 해명할 수 있는 준비가 되어 있는 셈입니다. 마투라나와 바렐라는 《앎의 나무》라는 책의 공저자이며, 생명의 자기조직화나 자기생산을 지칭하는 개념인 오토포이에시스autopoiesis가 사람들의 마음과 인지구조를 만들어낸다는 생각을 했습니다. 매우 독특한 철학적 담론을 만들어낸 이 두 사람의 생각은 펠릭스 가타리의 기계machine 개념에 영향을 줍니다.

결국 빵의 부풀림이나 생명의 부풀림과 같은 발효 작용과

     두 번째 식탁: 매일 먹는 일상 음식 속 철학

관련된 현상들은 실제로 존재하는 세상을 만들어내며, 이러한 실제 세상은 가상현실이라고 할 수 있습니다. 가상현실은 환상이나 심리 현상 혹은 가짜가 아니라, 빵의 부풀림과 같이 발효 작용에 의해서 생명이 살아갈 수 있는 현실을 만들어내는 것을 의미합니다. 생명 현상과 달리 최첨단 과학이 만들어낸 인공적인 환경을 생각하면 안 됩니다. 가상성virtuality은 덕이나 효능virtue에서 유래된 말이며, 이 덕이나 효능의 비밀은 생명의 발효 현상 즉 부풀림을 품고 있으니까요. 빵에 부풀림의 효모가 있듯이 생명에도 부풀림의 효소가 있습니다. 그것이 다채롭게 잠재된 것으로 창조 발화시키는 현실의 가상성인 겁니다.

부풀림의 미학, 가상성의 시학

빵을 놓고 이야기를 부풀리다보니 생명과 가상현실을 넘나들게 되었습니다. 우리가 살고 있는 현실이 가상현실이라는 사실을 안다는 것이 왜 중요할까요? 빵의 부풀림처럼 우리의 삶이 확장될 수 있는 영토가 많아졌다는 점에 그 이유가 있습니다. 그저 살아지는 것이 삶이 아니라, 정말로 만들어가야 할 가상의 영토가 삶이라는 점에서 우리는 발효되고 부풀어지는 삶을 꿈꾸어야 합니다. 삶life이 생명life과 영어로 동의어이듯이 생명 현상을 잘

들여다보면 어떤 것이 정말로 삶의 윤리이며 미학인지를 알 수 있습니다. 생명을 죽이는 토건, 원자력, 개발의 광풍에 맞서 창조 발화하듯 자신을 아름답게 부풀리고 있는 들꽃들을 보세요. 들꽃의 부풀림은 허위적인 자본주의의 매트릭스가 아니라, 생명이 살아가기 위한 미학적이고 창조적인 몸짓입니다.

빵을 먹으며 상상하는 시간은 너무도 소중한 시간입니다. 우유에 마른 빵을 적셔서 부드럽게 만들고, 커피를 끓이고 빵을 조각내서 천천히 먹는 시간은 정말 아름다운 시간입니다. 그 시간에는 아름다운 시학이 숨어 있습니다. 함축되어 있는 시간의 표면 위로 부풀림에 스며든 삶의 향기와 맛이 있습니다. 그러나 외국인 관광객에게 빵을 달라며 까치발을 하고 간절하게 손을 내밀면서 자신을 한껏 부풀리는 제3세계 어린이들을 볼 때 빵의 부풀림처럼 그들의 생명의 부풀림이 창조 발화할 수 있는 색다른 영토가 만들어졌으면 하는 생각이 듭니다. 빵에 대한 철학은 부풀림의 미학과 가상성의 시학이며, 그것은 생명의 창조 발화와 부풀림이 만든 저마다의 색다른 영토가 만들어내는 아름다움을 의미합니다. 부풀림의 미학을 이야기하는 이 시간이, 빵에 스며든 우유처럼 생명의 부풀림에 스며드는 색다른 부드러움이 될 수 있는 시간이기를 바랍니다.

인스턴트커피와 내부 식민지

커피의 맛과 향에 취해

아침에 눈을 떠서 가장 먼저 하는 일이 인스턴트커피를 뜨거운 물에 타서 마시는 일입니다. 이 시간은 정말 행복합니다. 졸음과 피곤이 커피 알갱이처럼 풀어지지요. 뜨거운 커피 한잔은 정신을 맑게 해주고 몸에 따뜻한 남방의 기운을 가져다줍니다. 가까운 친구이자 벗을 만나는 것 같습니다. 철학으로 인스턴트커피를 사

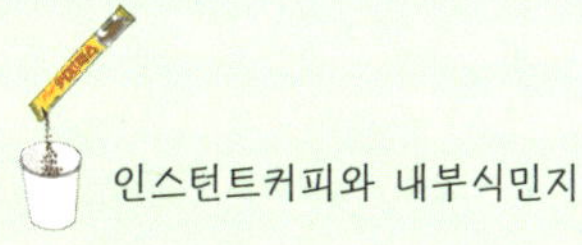

색하는 것이 아니더라도 이 향기와 느낌만으로도 철학이 가능하다고 생각해도 좋을 것 같습니다. 철학은 부드러운 맛과, 울림이 오래가는 향을 가지고 있으니까요.

따뜻한 물만 있다면 누구나 간편하게 커피 한잔을 즐길 수 있도록 만든 인스턴트커피Instant coffee는 커피콩 추출액을 분말화해서 만든 가공식품입니다. 커피의 맛과 향기가 커피콩을 어떻게 볶느냐에 따라 결정된다는 것은 많은 사람들이 익히 알고 있는 사실입니다. 커피콩을 기계를 통해서 한 무더기를 볶아서 일괄적으로 추출해낸 것이 인스턴트커피입니다. 물론 바리스타의 손맛은 전혀 찾아볼 수 없겠지만, 대신 표준화된 맛과 향기는 보장할 수 있습니다. 철학자가 개념을 추출해내듯이 커피콩 추출액을 만드는 것을 상상해봅시다. 개념의 추출에는 뇌 폭풍과 같은 순간이 필요하듯이, 커피콩에도 휘젓고 으깨고 반죽이 액상화되어 결정되는 회오리와 같은 순간이 있을 것입니다. 혼돈 속의 질서 즉 카오스모제chaosmose, 멋진 회오리의 결정물도 생각해볼 수 있습니다.

인스턴트커피는 1889년 커피 수입업자와 로스트 업체, 화학자 등이 참여하여 탈수 처리에 의한 분말화 과정에 대해 연구하면서 시작됩니다. 다소 협동적인 연구가 진행되었고, 연구실적은 아주 천천히 나타났습니다. 이쯤 되면 연구를 발주해준 투자자나 연구 책임자는 안달이 나기 마련입니다. "조금만 기다리면

　　　　　　　　두 번째 식탁: 매일 먹는 일상 음식 속 철학

성과가 나올 거예요. 기다려주세요" 연구자들은 이렇게 연구비를 지속시키기 위해서 애원하게 됩니다. 1900년 초 인스턴트커피가 이제 겨우 개발에 성공해 시제품 정도를 내고 있던 상황이었습니다. 그러다가 색다른 계기가 생깁니다. 그것은 거대한 천재지변이 아니라 1920년대 브라질 커피콩 풍년으로 인한 가격 하락과 농가 붕괴에 따라 브라질 정부가 커피콩을 보존하고 저장할 수 있는 가공식품을 네슬레에 요청한 사건이었습니다. 네슬레는 1937년 분무건조 기법을 이용한 현재의 인스턴트커피를 네스카페Nescafe라는 이름으로 생산하기 시작합니다. 네슬레는 대표적인 다국적기업으로, 오늘날 마시고 있는 인스턴트커피의 가공법은 네슬레의 네스카페 방식을 따릅니다.

이런 역사를 살펴본다면 "아, 인스턴트커피의 역사는 맛의 편리를 위한 연구의 역사이고, 인류 진보의 역사인걸!"이라고 생각하게 마련입니다. 그러나 인스턴트커피 한잔을 마시면서 식민의 기억을 떠올린다면 이상한 일일까요? 커피의 역사는 식민지 개척의 역사라고 해도 과장이 아닐 겁니다. 식민지 개척 시기에 제3세계의 플랜테이션 농장에서는 서구 사회의 수요를 충당하기 위한 커피와 면화 등의 재배가 일반적이었습니다. 커피콩은 식민지 민중들이 흘린 피땀을 먹고 자라나 배와 기차를 통해 유럽의 식도락가의 입으로 도달하기까지 기호와 취향의 세계적 흐름의 큰 그림을 그려낼 수 있게 합니다. 커피콩을 따기 위해서 열대의 기후에서 땀을 흘리며 저임금을 받고 일하는 제3세계 농민들이 있는가 하면, 우아하게 커피 잔을 들고 맛과 향기를 만끽하려는 제국의 식도락가들이 있었습니다.

제국의 검은 그림자처럼 진한 커피의 색

커피가 제3세계인 식민지와 제1세계인 제국을 연결하는 음식이라는 점은 이미 많은 사람들도 익히 알고 있는 사실입니다. 기후 조건뿐만 아니라 값싼 노동력에 의한 높은 마진이 가능하다는 점에서 제3세계는 현재도 커피콩 수출의 거점이 되고 있습니다. 식민지는 표면적으로는 해방을 이루었다지만, 여전히 커피콩은 저임금과 낙후한 작업 환경에서 생산되고 있습니다. 제국주의의 강권이 없다고는 하지만, 세계시장의 보이지 않는 돈의 움직임으로 이루어진 불평등한 국제무역이 제3세계 노동자들을 타는 듯한 땡볕 아래로 내몹니다. 이 순간 먹던 인스턴트커피가 어디에서 왔는지 꼼꼼히 포장지를 살펴보게 됩니다. 아! 다행히도 한국의 생활협동조합이 가공했고, 공정무역 마크가 찍혀 있습니다. 동티모르에서 생산된 것이지만, 협동조합에 의해서 대안적인 방법으로 유통된다고 표기되어 있습니다. 그렇다고 국제무역을 통해서 전 세계로 유통되고 있는 커피의 대부분이 이런 방식으로 생산되는 것은 아닙니다. 여전히 제국주의는 전 세계에 유통되는 대다수 커피에 검은 그림자를 드리우고 있습니다.

한국인들이 인스턴트커피를 처음으로 접한 것은 미군이 한반도에 발을 들여놓을 때였습니다. 한국에서는 6·25전쟁 시기 동안 미군의 전투식량으로 지급되었던 인스턴트커피가 시중에 유통되었습니다. 당시의 한국인들은 미군의 인스턴트커피가 워낙 독해서 잠이 안 오는 불면증을 일으키는 희한한 것이라고 여겼습니다. 미군의 배낭에서 흘러나온 전투식량인 인스턴트커피는 당시 한국 사람들에게는 아주 신기한 것이었을 겁니다. 인스턴트커피는 휴대가 용이하다는 속성뿐만 아니라 미군들의 기호식품이라는 점이 당대 한국 사람들의 기호를 바꾸고 선풍적인 인기를 끄는 원인이 됩니다. 미군기지에서 흘러나오는 물품 중에서 인스턴트커피라도 빌게 되면 미치 미국이라는 선진국의 혜택을 직접 누린다는 착각을 했을 것이고, 쓴 커피를 타 마시면서 미국이라는 선진 국민처럼 자신도 역시 맛을 알고 있다고 생각했을 것입니다. 하긴 성장주의자들은 지금도 여전히 선진국을 향한 선망과 개발주의의 망상에 빠져 있고, 아메리칸드림의 향기를 잊지 못하고 있습니다.

한국에서 인스턴트커피의 자체 개발은, 단순히 커피콩의 가공식품 정도의 수준에서 머무는 것은 아니었습니다. 처음 1970년대에는 물론 고급문화의 일종이었다가 80년대 이후에는 노동자들과 학생들의 생산 능률을 향상하고 기호와 취향을 재조직하는 데도 부응했습니다. 커피믹스는 사무실에서도 야영지에서도 공장에서도 손쉽고 재빨리 커피를 타먹을 수 있게 해주었습니다. 졸음과 싸우면서 장기간의 노동을 해야 했던 1970년대 상황에 뒤이어, 무지막지한 노동량과 대량생산, 대량소비가 이루어졌던 1980년대에 가장 빠른 시간 내에 마실 수 있도록 만들어진 인스턴트커피인 커피믹스는 시대적 요구에 딱 맞아떨어졌습니다. "잠을 자지 않고 공부해서 성공한 사람들이 많단다." 그 당시 선생님들이 들려주었던 성공한 사람들에 대한 이야기의 요지는 게으르고 잠을 많이 자면 실패한다는 내용이었습니다. 그러면 학생들은 훗날의 성공을 꿈꾸며 인스턴트 커피믹스를 타먹고 공부를 했습니다. 이 맛깔난 성공 스토리들이 암묵적으로 강요했던 커피믹스가 현재의 아수라장같은 경쟁 사회를 부추기는 데 한 몫하지 않았을까요?

오직 조국 선진화, 성공과 승리를 위한 맹목적인 돌격에 노동자들이 동원되던 때가 있었습니다. 방직 공장, 의류 공장 등에서 일하던 1970년대 한국의 노동자들이 잠 깨는 약을 먹었듯이, 제철 공장과 자동차 공장, 반도체 공장에서 일하던 1980년대 노동자들은 노동 효율을 극대화하기 위해 잠이 오지 않는 값싼 인스턴트커피를 먹고 일을 해야 했습니다. 인스턴트커피는 노동 현장마다 한 켠에 준비되어 있었고 권장되었으며, 실제로 많

New 커피믹스

은 사람들의 취향과 기호를 평준화시키면서 그들의 입맛을 사로잡았습니다. 만약 당신이 고용주라면 인스턴트커피의 장점에 대해서 생각할 수 있는 여지는 굉장히 많습니다. 이를테면 노동자들의 입맛을 만족시켜주는 것 같으면서도 생산 능률을 극대화할 수 있기 때문입니다. 당시 야근과 철야를 하는 노동자들이 선택할 수 있는 최선의 방법은 카페인의 힘에 의지하여 버티는 것이었습니다. 2000년 대를 살고 있는 중학생, 고등학생들도 이와 다르지 않은 방법을 통해 자신의 신체와 정신을 재생산하고 있습니다. 이 아이들이야말로 1980년대의 노동 전선의 전사들과 다르지 않습니다.

커피로 내 삶을 바꿀 수 있을까?

1980년대 노동 감옥이 된 공장, 2000년대 정신 감옥이 된 학교, 이 다양한 감옥과 같은 질서 속에서 인스턴트커피는 매우 달콤한 지배 질서가 권장하는 맛, 취향, 기호였습니다. 내부식민지라는 개념을 체계적으로 소개한 사람은 《제국Empire》이라는 책은 쓴 안토니오 네그리입니다. 네그리는 사실 펠릭스 가타리의 통합된 세계 자본주의에 대한 제안을 차용하여서 자신의 것으로 만들었습니다. 네그리에 의하면 1세계 내부에 3세계가 3세계

　　　　　두 번째 식탁: 매일 먹는 일상 음식 속 철학

내부에 1세계가 존재하며, 이것들이 생명정치적인 수단에 의해서 지배되고 있다는 것입니다. 네그리에 따르면 제국은 전지구적 네트워크의 형상으로 나타나며, 내부 식민지를 통제하기 위한 부드러운 예속이 전반화됩니다. 제국을 넘어서, 제국 안에서, 제국에 맞서는 다중multitude이라는 멋진 주체성에 대한 이야기도 네그리에게서 나옵니다. "네그리 선생은 커피를 어떻게 생각하십니까?" 이렇게 묻는다면 네그리는 아마 푸코의 생명정치bio-politic라는 개념으로 답할 겁니다.

인스턴트커피는 수많은 내부 식민지를 구축하는 생명정치적 수단이 되어 왔습니다. 제3세계라는 가시적인 식민지는 해방되었다지만, 이제 사회 내부에 식민적 속성을 갖는 곳이 나타난다는 것입니다. 커피콩을 따기 위해 엄청나게 고생하며 노동해야 하는 제3세계의 농민 노동자들을 생각해보세요. 그 현실은 인스턴트커피를 마시면서 일해야 하는 자국의 노동자나 학생들의 현실로 다시 나타나고 있습니다. 하지만 달콤하고 부드러운 인스턴트커피의 맛과 향기를 떠올리는 사람이라면 이런 반응이 너무 과도한 해석이라고 반발할 지도 모르겠습니다. 지배 질서는 졸린 텔레비전 시청자에게도 있고, 커피 애호가에도 있습니다. 아주 내밀하고 달콤합니다. 몽환적이고 달콤한 향에 취해 느끼지 못하고 있을 뿐 표준화된 천편일률적인 인스턴트커피 맛에 우리는 사로잡혀 있습니다.

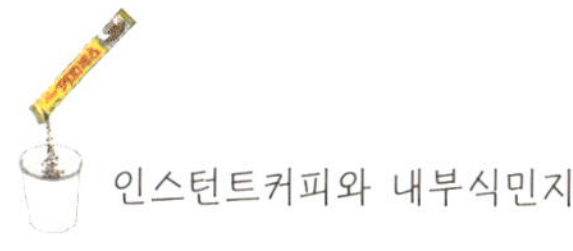

일찍 출근하고, 등교하기 위해서 인스턴트커피를 바쁘게 타 먹고 잠에서 깨어나는 노동자, 학생들의 스테레오타입화된 삶을 생각해봅시다. 이들의 맛의 취향과 기호는 마치 자로 줄을 잰듯이 혹은 일렬로 군대가 행군하듯이 획일화되어 있습니다. 마치 포드가 자동차 일관 생산 라인을 만들었을 때의 풍경과도 같습니다. 도처에서 벌어지는 비교와 경쟁이 우리 사이에서 내부 식민지를 만들어냅니다. 그곳에서 사람들이 못살고 도망쳐 나오거나 색다른 삶을 위해서 탈주합니다. 내부 식민지화라는 부드러운 예속은 강권과 억압을 통해서 나타나지 않기 때문에 사람들로 하여금 마치 예속이 없는 것처럼 느껴지게 합니다. 그러나 인스턴트커피를 권장하는 사회속에는 무의식적으로 "더 빨리 일할 것, 더 오래 공부할 것"을 강조하는 부드러운 지배 방식이 존재합니다. 한국사회에서 천천히 우려서 먹는 녹차의 향기가 어느 때부터인가 가정에서 없어진 것도 이런 연유일 것입니다.

지배 질서의 예속과 식민화 능력에 대해서 너무 강력한 것으로 여기다보면 색다른 내부 혁명의 영토가 구축될 가능성에 대해서 생각하지 못하게 됩니다. 취향, 기호, 맛, 이 모두가 다국적 기업이 되든, 초국적 자본이 되든, 제국이 되든 지배 질서에 의해서 식민화될 수도 있습니다. 인스턴트커피를 마시면서 틀 지워진 삶으로부터 벗어나지 못하는 경우도 있을 수 있습니다. "여행을 떠나고 싶고, 산 위에서 커피를 마시고 싶고, 바다에서 커피를 마

　　　　　　　두 번째 식탁: 매일 먹는 일상 음식 속 철학

시고 싶고, 이리저리 떠나고 싶다." 이런 생각을 갖고 막 정신 감옥으로부터 대탈주를 감행한 사람들을 상상해봅시다. 자신의 시시콜콜한 삶까지도 미리 디자인된 것이라는 사실을 알고 나서부터 그 의미조차도 알 수 없는 색다른 예술 작품을 구상하는 예술가를 상상해봅시다. 인스턴트커피를 내밀한 삶으로부터의 혁명의 수단으로 바꿔보는 것은 어떨까요? 미시정치와 대안에 대한 활발한 논의로 우리는 더 부드러워질 수 있습니다. 더 달콤하게 대안을 속삭일 수 있습니다. 그래서 모든 맛과 취향과 기호에도 색다른 부드러움을 발아시킬 수 있습니다. 반복되고 지겨운 삶의 방식이 정상적인 삶의 모습이라고 강요하는 인스턴트커피가 아니라 이 지긋지긋한 일상의 감옥을 끝장내는 순간을 위해서 새롭게 배치된 인스턴트커피를 마셔봅시다. 이쯤하면 내부 식민지의 그림자로부터 벗어나서 자은 혁명이 일어나는 커피향 가득한 영토를 상상할 수 있을 것입니다.

소주와 투명인간 보이지 않는 것의 미학

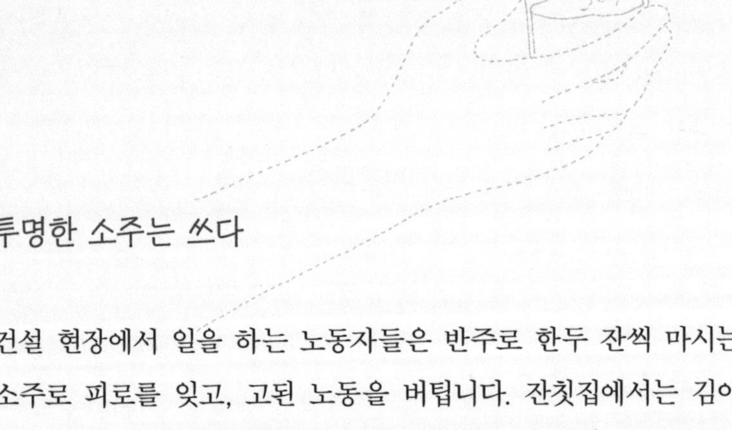

투명한 소주는 쓰다

건설 현장에서 일을 하는 노동자들은 반주로 한두 잔씩 마시는 소주로 피로를 잊고, 고된 노동을 버팁니다. 잔칫집에서는 김이 펄펄 나는 국물과 투명한 소주가 준비되면 분위기가 저절로 무르익어 노래와 어깨춤이 절로 나옵니다. 소주는 서민들이 만들어낸 소박한 파티에 없어서는 안될 생활의 청량제입니다. 넥타이

     두 번째 식탁: 매일 먹는 일상 음식 속 철학

죽들은 퇴근 후 회식 자리에서 빈 소주병 줄을 세워놓고 개수를 세는 재미를 통해 하루의 애환을 날려버리고, 대학생들은 기타 반주를 안주삼아 소주 몇 박스를 가볍게 비우며 청춘을 노래합니다. 20년 전만 해도 소주는 25도 정도의 독주였지만, 최근에는 순한 소주를 선호하는 경향 때문에 점점 도수가 18도 전후까지 내려가 맛이 순해졌습니다. 하지만 여전히 소주는 사람들의 주머니 사정이 안 좋아도 마음껏 마실 수 있는 몇 안 되는 술 중 하나입니다.

한국인의 대표적인 술로 자리 잡은 소주는 이 땅에 증류주를 전파시킨 몽고 침략의 역사와 궤를 같이 합니다. 고려 말 시기부터 몽고군이 머물고 간 곳에서는 곡류를 이용한 증류주 만드는 법이 사람들 사이에서 전파되었습니다. 《중종실록》에서는 소주로 인해시 곡류의 소비기 늘고 있고, 이 때문에 식량 문제가 심각하다고 보고하고 있습니다. 조선 말 서민들에게까지 증류주가 대중화되면서 식량 부족을 우려해 소주 제조를 엄격히 규제하는 정책들이 쏟아져 나왔습니다. 이러한 경향은 해방 이후까지 계속되어 1965년 식량 부족에 따른 정부 정책으로 증류식 소주를 만드는 것이 법적으로 엄격히 제한되고 고구마, 당밀 등을 발효한 독한 원료를 희석한 현재의 소주 형태가 정착되었습니다. 증류식 소주와 희석식 소주의 차이점은, 증류식 소주는 쌀, 밀, 찹쌀 등을 원료로 곡류의 풍미와 향미가 느껴지도록 증류되지만 희석식

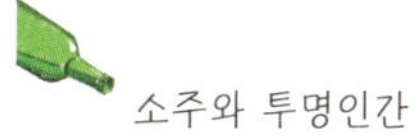

은 어떤 재료가 쓰여도 똑같은 맛을 낸다는 점입니다.

어릴 적에는 고구마를 썰어서 말린 것들이 집집마다 많이 널려 있었습니다. 말랑말랑하기도 하고 꼬들꼬들하기도 해서 오다가다 집어먹고는 했는데, 그 고구마가 바로 소주를 만들기 위한 재료였습니다. 당시에는 식량 정책의 일환으로 곡류 소주를 금지했기 때문에 고구마로 소주를 빚어야만 했던 겁니다. 지방마다 소주의 알코올 도수와 풍미가 다르다고 이야기하지만, 사실 소주는 희석식이기 때문에 미세한 차이밖에는 없습니다. 소주는 저렴하면서도 고급스러운 맛을 내기 때문에 외국 사람들도 한국의 소주를 좋아합니다. 외국에서는 소주가 칵테일 재료로도 쓰이곤 해서 한국에서 스트레이트로 그냥 마시는 방식과는 차이가 있습니다.

청춘들은 꿈은 많고, 술에 취해 인생을 노래할 시간은 너무도 짧습니다. 낮술로부터 시작한 술자리는 알 수 없는 미래만큼이나 대화의 주제도 모인 목적도 모호해지지만, 이따금씩 들리는 청춘의 노랫소리처럼 시끌벅적함과 낭만이 가득합니다. 왜 청춘의 술자리는 일시적으로 나타났다 다시 돌아오지 않을까요? 줄지어 서 있는 포장마차에는 소주잔을 기울이며 동료와 얘기를 나누는 노동자들과, 잔술을 앞에 두고 깊은 상념에 빠져 있는 허름한 양복 차림의 노인들이 대부분의 자리를 차지하고 있습니다. 이들을 보면 이 사회에서 보이지 않는 곳에 있는 투명인간들인

       두 번째 식탁: 매일 먹는 일상 음식 속 철학

우리네 아버지들을 생각하게 합니다. 왜 한때의 방황이 지나가는 속도처럼 잔술은 금세 사라질까요? 알 수 없는 미래, 불안한 현실 속에서 고독한 사람들이 찾아 와서 혼자서 소주잔을 비우는 곳은 이 사회의 보이지 않는 구석과 귀퉁이와 같은 곳입니다. 소주의 투명함처럼 이 사회에 투명인간이 되어버린 사람들, 그들의 알 수 없는 주정과 고뇌는 소주처럼 씁니다.

보이지 않는 것에 대한 감시와 통제

이 사회에는 투명한 액체인 소주와 같이 투명인간으로 사는 사람들이 많습니다. 투명인간은 이미 이 사회에서 보이지 않는 존재로 치부되는 사람들입니다. 보이는 영역에서 마주치는 사람들이 거리를 활보하고 발언권을 획득하고 권리를 누리는가 하면, 보이지 않는 영역에 감추어진 장애인, 노인, 아이, 작은 생명들의 절박한 삶이 있습니다. 보이지 않는 것에 대한 철학을 얘기한 대표적인 인물로 프랑스 철학자 미셸 푸코가 있습니다. 그는 보이지 않는 영역에서 이루어지는 감시와 통제에 대해서 처음으로 이야기했습니다. 그에 따르면 미시권력은 아주 내밀한 일상까지 들여다보기 위해서 노력하고, 그 통제의 시선을 내면화한 사람들이 스스로의 태도나 행동을 수정하게 된다는 것입니다. 그가 죄수

들의 인권 운동 단체인 감옥정보그룹GIP에서 수많은 정보와 지식을 축적하여 만든 저작이 《감시와 처벌》입니다. 이 책은 과거의 개념을 끌어다가 현재를 설명하는 그의 계보학적인 설명 방식에 따라 공리주의자 제러미 벤담의 파놉티콘panopticon 모델을 끌어다 옵니다. 파놉티콘은 공리주의적 원칙에 따라 다수의 행복과 안녕을 위한 설계와 기획입니다. 그의 설계도를 들여다보면 원형 감옥에서 중앙에 설치된 감시 망루는 늘 어둡게 하고, 죄수의 방은 밝게 해 중앙에서 감시하는 시선이 어디로 향하는지 알 수 없게 설계되어 있습니다. 그래서 감방 안의 죄수들은 누군가 계속 나를 쳐다보고 감시하고 있다는 생각을 합니다. 서구의 시각 중심주의적인 발상은 감시 이성에 의해서 가장 극단적인 실체로 나타납니다. 이에 따르면, "내가 너를 파악하기 위해서는 너를 일단 들여다봐야겠어!"라는 논리가 등장합니다.

보이지 않는 곳에서 이루어지는 감시는 프라이버시라는 내밀한 사적 공간이 전혀 없는 공적 공간으로 만들어버리고 사람들을 싸늘하게 경색시킵니다. 공적인 것과 사적인 것을 구분할 수 없는 감시 질서는 엄청난 권력의 남용입니다. 어떤 권력이 전방위적으로 민간인을 사찰한다면, 사람들은 우려와 분노를 표시할 것입니다. 보이지 않는 영역으로 남아있어야 할 사적이고 내밀한 공간을, 권력이 감청과 도청을 통해 파악하려 한다는 것은 민주주의 사회에서 있을 수 없는 일입니다. 이런 감시와 통제라

     두 번째 식탁: 매일 먹는 일상 음식 속 철학

는 권력의 방식을 통해서 내밀한 사적 공간이 사라지면 사람들이 유아화되고, 보이는 사물성에 집착하는 도착이 일반화됩니다. 요즘 청년 세대들은 자신에 관한 브랜드화를 추구하면서 미디어에서 노출되려는 것에 전혀 거리낌이 없습니다. 이런 모습이 한편으로는 당당하다는 생각을 하면서도 다른 한편으로 우려가 됩니다. 팬덤문화에서도 나타나듯이, 미디어는 사생활의 영역을 실종시키고 자율성을 질식시키기 때문입니다. 가장 기초적인 사생활이 가능할 수 있는 공간을 사라지게 하는 미시권력의 포로가 되어서는 안 되겠습니다.

마크 포스터가 지적했던 초파놉티콘super-panopticon과 같이 인터넷이 더 강력한 파놉티콘이 될 것인지에 대해서 의견이 분분했습니다. 초파놉티콘은 강력한 감시 장치가 된 인터넷의 디스토피아적 전망을 언급한 개념입니다. 한 텔레비전 프로그램에서 어떤 연예인이 유리처럼 투명한 방에서 100일을 사는 실험을 한 적이 있습니다. 그 연예인은 쏟아지는 시선에 담담히 반응할 수 없었으며 늘 누군가가 의식되어 너무도 힘들었다고 합니다. 그 공간에서 사람들의 시선은 권력의 속성을 가집니다. 누군가를 쳐다본다는 것은 그와 합성되고 소통하는 입장이라기보다는 상대방을 시선의 대상으로 만들어서 그것을 평가하고 계산하는 행위가 됩니다. 그래서 보이지 않는 것을 보이는 것으로 만드는 것은 권력에게 유리한 것일지도 모릅니다. 회사 내의 모든 칸막이를 유

리로 만들어서 투명하게 했다고 생각해보세요. 회사에서 조금만 딴짓을 하거나 다른 사람과 이야기를 해도 내 행동이 모두 다 노출된다는 생각 때문에 적잖이 부담스러울 겁니다.

물론 투명성을 다른 식으로 역전시켜서 사고하는 사람들도 있습니다. 시민들이 권력을 역감시하는 수단인 시놉티콘synopticon으로 인터넷을 사용하자는 주장도 일견 설득력이 있게 느껴집니다. 인터넷의 발달로 활발한 시민운동이 일어나면서 이제는 일방적 감시가 아닌 권력에 대한 역감시도 이뤄지고 있다는 겁니다. 시놉티콘이라는 개념은 시민사회가 국가권력을 역감시하는 행동을 설명하기 위해서 창안된 개념입니다. 시놉티콘은 시민사회의 투명성에 대한 요구는 충족하지만, 민중의 보이지 않는 영역에서의 관계망이 갖고 있는 잠재력을 설명할 수 없다는 한계가 있습니다. 스웨덴에 본부가 있고 권력의 비밀을 폭로하였던 폭로 전문 사이트 '위키리크스'가 이라크에서 미군이 민간인에게 총격을 가하면서 비윤리적인 행동을 하는 영상을 공개했을 때 사람들은 충격과 분노에 휩싸였습니다. 미군들이 인간으로서 절대 해서는 안될 일을 서슴없이 하면서 서로 장난까지 치던 대화 내용이 지금도 선명하게 떠오릅니다. 시민들이 권력을 해부하고 폭로하겠다는 것은 투명성의 논리를 역전시켜서 적용하는 것이라고 할 수 있습니다. 물론 이런 현상은 투명한 사회를 만들어낼 수 있는 가능성을 의미하는 것입니다. 하지만 다른 한편으로는 여전히 권력에 의한 감시와 통제의 논리를 벗어나지 못하고 있다는 한계를 갖고 있습니다. 투명성의 논리는 공리주의자들에게는 상당히 설득력이 있게 느껴지겠지만, 보이지 않는 곳에서의 선행을 주장하며 사회공동체의 공동선을 추구하는 사람들에게는 여전히 불합리한 것일 수 있음을 간과해서는 안될 것입니다.

투명인간 되기

푸코의 파놉티콘 개념은 보이지 않는 영역에 대한 권력의 통제에 대해서는 얘기했지만, 보이지 않는 영역을 어떻게 사고할 것인가라는 부분에서 대답하지 않았습니다. 보이지 않는 영역에 대해 이야기했던 사람은 푸코와 감옥정보그룹에서 함께 활동했던 가타리입니다. 가타리와 푸코가 공동 심포지엄을 열었을 때 정부의 밀정이 그 자리에 들어와 푸코가 CIA의 자금으로 연구를 했다고 폭로했습니다. 이 당시 가타리는 그 밀정에 동조하는 집단과, 감옥정보그룹 등에서 푸코와 함께한 동지들을 구분해 두 개의 심포지엄을 열도록 신속하게 대응하면서 푸코를 보호했습니다. 당시 가타리는 푸코의 미시권력의 논리를 부정하는 것이 아니라 대체로 승인하지만 권력의 논리로는 설명될 수 없는 영역의 부분을 발언하는 데 초점을 맞췄습니다. 가타리는 보이지 않는

    두 번째 식탁: 매일 먹는 일상 음식 속 철학

영역이 사라지고 감시와 통제의 영역으로 나타나고 있다는 푸코의 지적을 수용하면서도, 《세 가지 생태학》이라는 책에서 보이지 않는 곳에서의 윤리와 미학을 주장합니다.

보이지 않는 곳은 보이는 영역보다 더 중요한 윤리와 미학의 공간입니다. 어떤 사람들은 보이지 않는 영역을 보이게 함으로써 윤리를 보장하려는 공리주의적 기획에 머물러 있는 경우가 있습니다. 이런 기획은 보통 국가나 자본의 기획이지만, 가족이나 학교에서도 이런 기획에 따라 움직이는 경우가 비일비재합니다. 그러나 보이지 않는 곳이 보이는 곳보다 더 윤리적이고 미학적일 수 있는 가능성은 충분합니다. 우리가 어떤 선행을 얘기할 때 보이는 선행보다 보이지 않는 선행을 더 높이 평가하는 경우가 많습니다. 왜냐하면 자신의 이름과 소속, 신분을 감추고 하는 선행은 자신을 내세우기 위한 신행이 아니라 진정으로 마음으로 나와서 하는 선행이기 때문입니다. 보이지 않는 영역을 더 생각하는 사람들은 자신을 내려놓을 줄 아는 사람입니다.

가타리의 보이지 않는 곳에서의 윤리와 미학에 대한 개념은 들뢰즈와 함께 작업했던 《천개의 고원》에서도 '지각 불가능하게 되기'라는 개념으로 등장합니다. 스피노자의 변용 개념인 '되기'라는 개념은 나와 너 사이에서 발생되는 부드러운 흐름이며, 자신의 존재와 이기를 이동시켜 전혀 색다른 존재가 되는 실험입니다. 쉽게 말해 되기는 변용이며 사랑입니다. 이 책에서 '되기'라

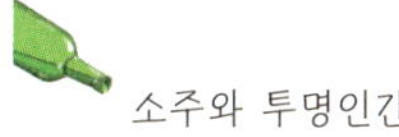

는 개념은 강렬하게 되기나 동물 되기, 아이 되기, 여성 되기 등을 거쳐 궁극에 가서는 지각 불가능하게 되기로 향한다는 구도를 갖고 있었습니다. 지각 불가능하게 되기는 투명인간 되기와 같은 의미를 담고 있습니다. 그것은 자신의 욕망이 우주의 먼지와 같은 것임을 깨닫는 것이며, 더 작고 낮은 곳으로 향해서 자신의 존재의 족적과 흔적조차도 찾아볼 수 없는 사랑의 궁극적인 경지와 같은 것이며, 불교적 의미에서 해탈과 같은 개념입니다. 자신을 내세우는 것이 아니라 자신을 낮추는 것으로부터 사랑은 시작하며, 더 나아가 아예 보이지 않는 투명인간이라고 할 수 있는 영역으로까지 작고 미세한 영역이 되어야 한다는 것이 이 지각 불가능하게 되기 혹은 투명인간 되기가 말하는 부분입니다.

　작은 밀알이 되고, 그것마저도 썩어 없어져서 흙으로 돌아가더라도 사랑은 가능합니다. 보이지 않는 영역에서 작은 변화는 보이는 성과보다 더 가치 있고 소중한 것입니다. 이런 가르침이 들뢰즈와 가타리의 책에 스며들어 있습니다. 사랑과 욕망의 목표가 성공주의와 승리주의가 되고 있는 현실에서 이 두 사람의 투명인간 되기라는 개념은 사랑과 욕망의 진정한 목표는 보이지 않는 곳에서 자신을 드러내지 않고 혹은 자신이라는 것조차도 알 수 없는 미세한 분자가 되는 것이라는 점을 잘 보여주고 있습니다. 미디어에서 떠들고 있는 세속화된 사랑이 보여주는 허위와 가식과 달리 진정한 사랑의 비밀을 드러내는 개념이 아닌가 싶습니다.

　　　두 번째 식탁: 매일 먹는 일상 음식 속 철학

투명인간 되기와 같이 보이지 않는 곳에서 공동체에 도움이 되고 사랑을 나누는 사람이 되는 것이 중요합니다. 소주가 알콜 중독으로 나아가고, 알콜 중독을 치유하기 위해서 정신병원과 같은 곳에 들어가면 푸코가 얘기했던 파놉티콘으로 접속할 수 있는 통로가 될지도 모르겠습니다. 미시권력이 이러한 약물 통제의 방식대로 보이지 않는 곳을 보이는 곳으로 만들어서 윤리를 달성하려는 기획에서 움직인다는 것은, 민중의 자율성에 대해서 전혀 고려하지 않은 발상입니다. 우리가 여기서 얘기하는 소주는 투명인간 되기의 촉매제나 촉진제가 되어 잔칫집에서 왁자지껄 하는 목소리나 음향, 노랫가락과 같은 보이지 않는 흥과 리듬입니다. 그 자리에는 주인공이 따로 있는 것이 아니라, 서로를 감싸는 따뜻함과 부드러움만이 공존하고 있을지도 모릅니다. 자신을 내세우는 것이 아니라 자신을 감추는 것으로 만드는 소주의 윤리와 미학인 것입니다.

서로 이름도 모르고 어쩌면 두 번 다시 볼 일 없는 사이일지도 모르지만 분위기가 좋고, 경치가 좋고, 사람이 좋아 즐겁게 어울려 소주를 먹어본 경험이 한 번쯤 있을 것입니다. 그들은 서로 미소를 지으며 얼굴과 이름과 전화번호를 남기지 않지만 그저 그날의 술자리의 동반자로서 자신을 모두 열어 놓는 투명인간이 됩니다. 투명한 소주는 이름 없는 들꽃처럼 아름다운 사람을 만들 수 있는 능력을 갖고 있습니다. 이것이 '투명인간 되기'겠지요. 그

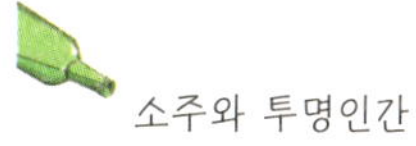

런 자리에서는 소주가 말하는 투명인간 되기의 윤리와 미학, 재
미와 흥이 배가되기 마련입니다. 그래서 사람들은 그런 술자리를
생각하고, 또 만들기를 원하는지도 모릅니다. 멋진 투명인간 되기
와 흥을 돋우는 소주 한잔이 그리운 오후입니다.

     두 번째 식탁: 매일 먹는 일상 음식 속 철학

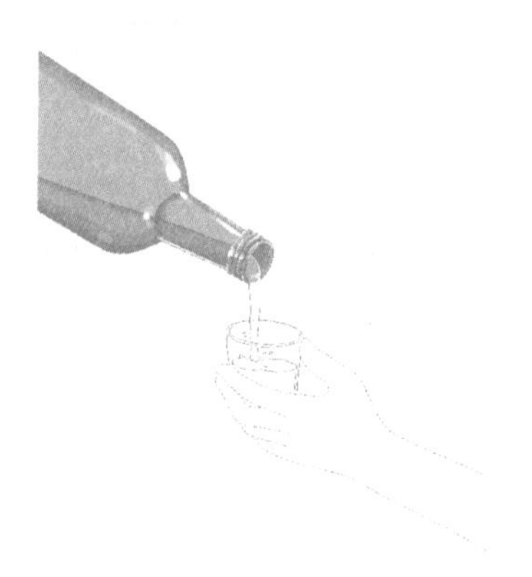

먹는다는 것에 성적 의미를 부여한
프로이트

Sigmund Freud, 1856.5.6 ~ 1939.9.23

프로이트는 구강성이라는 개념을 통해 음식을 먹는 행위를 성적인 의미로 해석했습니다. 앵두나 사과, 바나나를 먹는 에로틱한 광고 이미지를 상상하면서 프로이트가 음식에 성적인 의미를 부여했다고 생각한다면, 구강성에 대한 통찰에 제대로 접근할 수 없습니다. 프로이트에 따르면 인간이 태어나 하는 첫 식사가 어머니의 젖이며 그것은 태어나서 맞이하는 가장 에로틱한 식사입니다. 어머니의 젖이 유일한 식사인 유아기 때, 남자아이는 아버지의 존재로 인해 에로틱한 식사가 방해를 받는다고 생각하고 아버지와 젖가슴을 놓고 경쟁을 벌이게 됩니다. '아버지처럼 자유롭게 어머니를 사랑하고 싶다' 는 욕망을 가지고 남자아이는 동성인 아버지가 죽거나 사라지기를 바라게 되는 겁니다. 남성이 부친을 증오하고 모친에 대해서 품는 무의식적인 성적 애착을 '오이디푸스 콤플렉스Oedipus complex’ 라고 하는데요, 이러한 오이디푸스 콤플렉스를 극복하고 나서야 남성은 정상적인 성애를 할 수 있다고 프로이트는 이야기합니다.

사실 음식을 먹으면 입이 즐겁고 위장이 두둑해지지만, 먹는다는 행위 자체에서 성적인 의미를 발견하려는 사람은 그렇게 많지 않을 것입니다. 그래서 먹는다는 것 자체가 성적 의미와 관련 있다는 프로이트의 생각은 묘한 흥미와 관심을 갖게 합니다. 거식증, 대식증, 음식 편집증, 다이어트 등 다양한 음식에 대한 심리 구조가 성적인 것과 아주 긴밀한 상관관계를 갖고 있다는 것으로 받아들여지기도 하지요. 프로이트에 대한 어떤 연구에 따르면, 씹는 담배를 즐겼던 프로이트의 행동은 구강성에 고착되어 있던 그의 심리를 보여준 것이라고 합니다.

가장 에로틱한 식사 시간이 언제였냐고 상상해보라고 한다면 어떨까요? 그 시간은 아이가 젖을 빠는 시간처럼 욕망 충족의 행복함이 기득히고 리비도 에너지가 활성화되는 구강 에로티시즘의 향연일까요? 아니면 아버지를 중심으로 식사를 한다는 오이디푸스 콤플렉스에 사로잡혀 어린 시절로 환원하는 무료한 시간일까요? 프로이트는 가장 에로틱한 식사 시간을 상상했던 첫 번째 사람이 아닐까요?

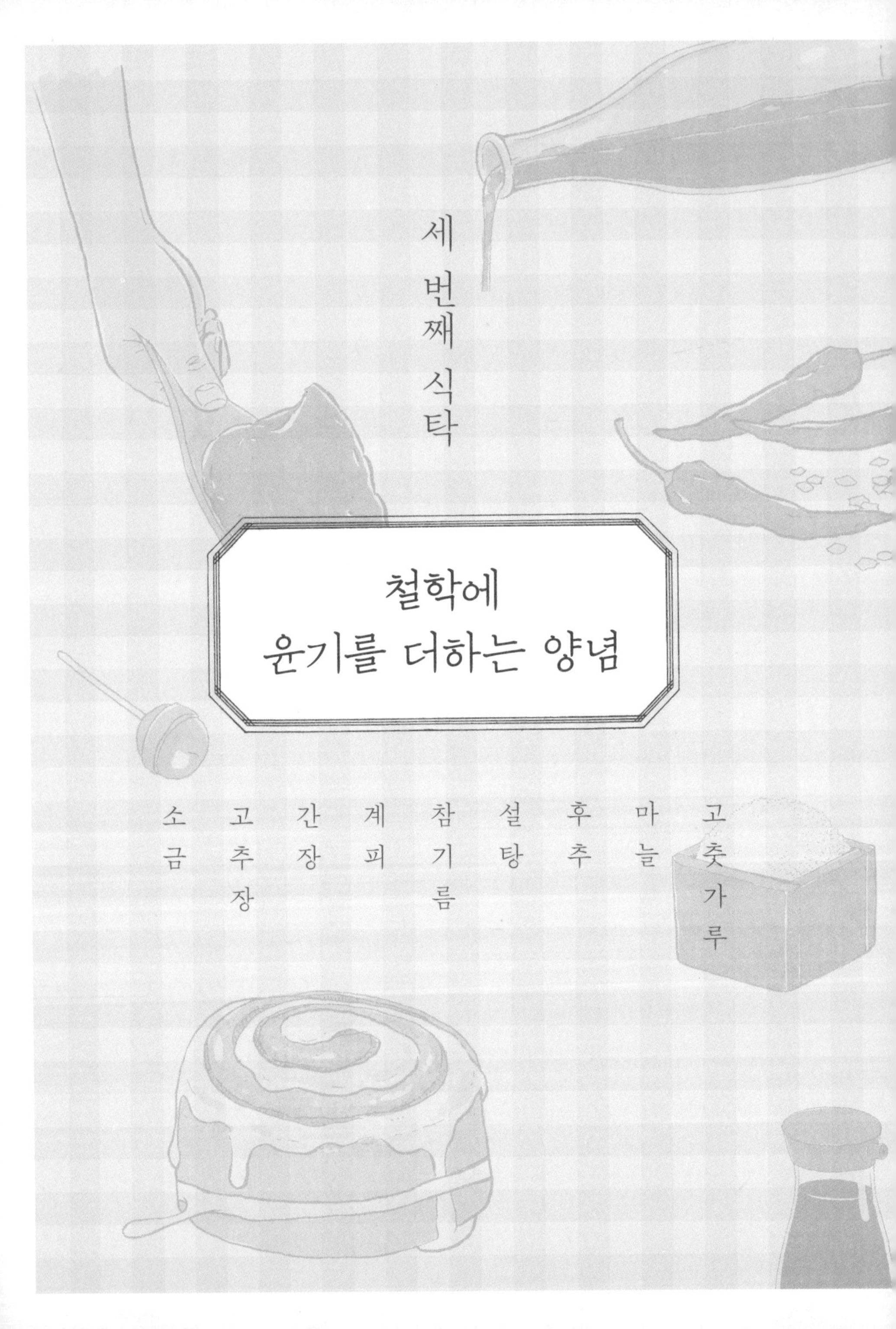# 세 번째 식탁

철학에 윤기를 더하는 양념

소금　고추장　간장　계피　참기름　설탕　후추　마늘　고춧가루

고춧가루와 욕망의 미시정치

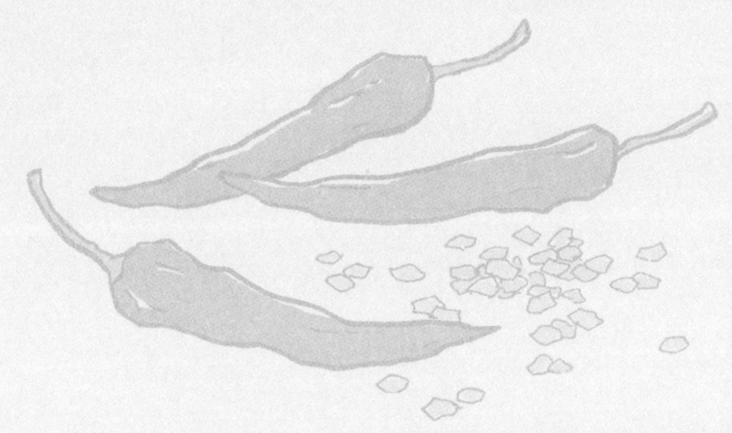

'캡사이신'의 두 가지 서로 다른 사용법

어릴 적 보았던 만화영화 〈로보트 태권브이〉에는 깡통로봇이라는 작은 주전자를 뒤집어 쓴 아이가 나옵니다. 그 로봇의 유일무이한 무기는 고춧가루였습니다. 배에 달린 양철문이 열리면 고춧가루 폭탄이 뿜어져 나오지요. 배에서 고춧가루가 발사되면 작은 영화관에 옹기종기 앉아 있던 아이들은 함께 웃으며 즐거워했

세 번째 식탁: 철학에 윤기를 더하는 양념

습니다. 깡통로봇이 고춧가루를 무기로 쓸 수 있었던 건 고추의 매운맛, 캡사이신 성분 덕분입니다. 캡사이신 성분이 얼마나 들어있는지에 따라서 매운맛의 정도가 달라지는데, 지금까지 세상에서 가장 매운 고추는 영국 링컨셔 그랜섬에서 개발된 '인피니티infinity'라는 고추라고 합니다. 이름 그대로 '무한대로 맵다'는 의미를 담고 있습니다. 그 매운 정도가 100만 스코빌에 이르는데, 여기서 '스코빌'은 매운맛을 나타내는 단위로 값이 높을수록 매운맛이 강합니다. 우리나라에서 제일 맵다는 청양고추가 높아봐야 1만 스코빌인 것을 감안하면 얼마나 매운지 상상할 수 있겠지요. 우리나라 속담에 '작은 고추가 맵다'라는 말이 있지만 그러고 보면 고추의 매운맛은 크기와 색깔에 좌우되는 것 같지는 않습니다. 사실 맵다는 것은 미각이 아니라 통증입니다. 혀로 맛을 느끼는 것이 아니라 혀가 아프다는 것을 느끼는 겁니다. 매운 것이 일종의 통증과 아픔임에도 다시 찾게 되는 이유는, 땀을 쫙 빼고 나면 다시 태어난 것과 같은 기분과 상쾌함을 느끼게 되며 욕망을 스스로 다스릴 수 있다는 자신감을 얻게 되기 때문입니다. 통증의 욕망을 통해서 우리의 또다른 욕망을 다스리는 것이지요.

고추는 영어로 레드 페퍼red pepper라고 합니다. 페퍼는 후추를 의미하는데 고추를 왜 '붉은 후추'라고 하는 걸까요? 그것은 콜럼버스가 아메리카 대륙에 도착했을 때 그곳을 인도로 잘못 알고 거기서 발견한 고추를 인도 후추의 일종이라고 착각했기 때

문입니다. 콜럼버스는 죽기 전까지도 아메리카 대륙이 인도라고 철석같이 믿었다고 합니다. 그래서 고추를 '붉은 후추'라고 이름 붙였던 것이죠. 그러나 콜럼버스가 가져온 고추는 중간에 분실되고 맙니다. 그래서 그것을 브라질에서 다시 발견한 포르투갈인들에 의해서 전 세계에 전파됩니다. 고추는 후추를 열망하던 제국주의가 발견한 색다른 향신료였습니다. 고추가 전파되어 자국의 음식 문화가 된 나라들은 보다 자극적이고 화끈하고 매운맛을 통해서 정열을 발산하고자 하는 나라들인 경우가 많습니다. 특히 멕시코, 볼리비아, 이탈리아 등 정열적인 역동성을 갖고 있는 나라에서 고추가 들어간 음식을 선호하는 경향이 있습니다.

우리나라에 고추가 전파된 것은 16세기 말에서 17세기 초 정도로 비교적 그 역사가 짧습니다. 고추는 역사적으로 만초蠻椒, 남만초南蠻椒, 번초蕃椒, 왜초倭椒, 랄가辣茄, 당초唐椒, 고초苦椒라고 불렸습니다. 최초의 기록은 1614년 이수광이 쓴 《지봉유설》에서 처음으로 등장합니다.

남만초南蠻椒는 대독大毒하다. 처음 왜국에서 들어왔기 때문에 세속에서 왜개자倭芥子라 한다. 요즘은 자주 심는데 술집에서 몹시 매운 것을 이용한다(술안주로 고추를 먹는다). 혹 고추를 소주에 타서 팔기도 하는데 이것을 마신 사람이 많이 죽었다.

 세 번째 식탁: 철학에 윤기를 더하는 양념

이런 기록을 살펴보면 소주에 고춧가루를 타서 먹으면 감기에 낫는다는 우리나라에서 전래된 이야기가 사실은 최초의 고춧가루 사용 방법과 밀접한 관련이 있음을 보여줍니다. 고추가 일본에서 유래되었다고 하지만, 〈화보花譜〉나 〈대화본초大和本草〉와 같은 일부 일본의 기록에서는 임진왜란 당시 히데요시가 '고려후추'라는 고추를 가져왔다고 서술하는 부분은 오히려 조선을 통해서 수입되었다는 반대 기록이 되기도 합니다. 그러나 우리나라와 일본의 기록 등을 종합적으로 살펴보면 임진왜란이라는 혼란 중에 두 나라에 동시에 전파된 것이라고 추측할 수 있습니다.

고추의 주요 성분인 캡사이신은 최루탄의 재료이기도 합니다. 최루탄에는 건장한 성인 남자도 쓰러뜨릴만한 매운 힘이 담겨있습니다. 최루탄의 매운 냄새가 고춧가루의 매운맛에 들어있는 캡사이신을 원료로 했다는 사실은 매우 안타깝습니다. 최루탄은 도가니처럼 들끓어 오르는 민중의 욕망을 통제하기 위해서 쓰이고, 고춧가루는 통증의 욕망을 통해서 스스로의 욕망을 자주관리하기 위해서 쓰입니다. 얼마나 서로 다른 사용법인가요?

욕망의 미시정치는 즐겁고 발랄한 생활정치다

고춧가루는 통증의 욕망을 유발하면서 욕망을 통해서 욕망

을 활성화하고 다스리도록 만드는 조미료입니다. 고춧가루의 통증은 처음에는 '얼얼하다' 혹은 '고통스럽다'라는 느낌으로 다가옵니다. 하지만 그 속에는 생동과 활력이 숨어 있으며, 욕망이 활성화되어 색다른 지평으로 향할 수 있다는 가능성이 숨어 있습니다. 고춧가루에 들어 있는 매운 성분인 캡사이신은 척수에 자극을 주어 아드레날린 호르몬 분비를 촉진함으로써 신진대사를 활성화합니다. 이러한 고춧가루의 효능은 음식에 있어서의 에피쿠로스적 전통을 만든다고 할 정도로 모든 음식에 활력과 정열을 부여합니다. 에피쿠로스적 전통은 금욕과 절제가 이성의 통제력에 의해서 이루어지는 것이 아니라 쾌락의 지속과 그 속에서 얻어지는 마음의 평화에 의해서 이루어진다고 봅니다. 즉, 더 지속적이고 더 많은 쾌락을 위한 철학입니다. 고춧가루가 유발하는 통증은 이를 원하는 욕망이 가로막히고 통제되고 억압된 다른 욕망을 시원하게 뚫고 돌파하게 만드는 욕망의 미시정치를 만들어냅니다. 그래서 시원함, 통렬함, 짜릿함이 생겨나고 욕망을 욕망이 다스리는 것이 가능하게 됩니다. 여기서 매우니까 먹지 말아야 한다는 이성의 통제력은 작동하지 않으며, 매운 것에 대한 욕망을 통해서 다른 스트레스나 화, 욕망의 울혈을 해결하는 미시정치가 형성됩니다. 그래서 욕망이 스스로의 욕망을 다스리는 정치에 대한 이미지가 고춧가루에 있습니다. 통증의 욕망을 통해 다른 맛의 욕망을 다스린다는 점은 고춧가루와 욕망의 미시정치

세 번째 식탁: 철학에 윤기를 더하는 양념

가 갖는 공통점인 것입니다.

　욕망의 미시정치라는 개념은 펠릭스 가타리의 《분자혁명》
과, 가타리가 수에리 롤니크와 함께 브라질을 여행하면서 쓴 《미
시정치》라는 책에서 잘 설명되고 있습니다. 미시정치는 거시정치
의 반대말로 '생활정치'와 '일상의 정치'라는 의미로 쉽게 이해할
수 있습니다. 가타리가 말한 미시정치의 의미를 잘 드러내는 것
이 '부엌에서의 미시정치'라는 개념입니다. 남성들이 겉으로 보수
나 진보를 언명하는 것보다 부엌에서 어떤 행동을 하는가가 더
중요하다는 의미 말입니다. 거시정치는 사회, 경제, 정치적 변화
를 주안점으로 두지만 정작 부엌에서 어떤 변화가 있는지에 대해
서는 침묵합니다. 밖에서는 진보를 얘기하다가도 부엌일에 손 하
나 까닥 안 하는 남성이 있다면 사회 변화는 더 더뎌질 것입니다.
이러한 삭고 미세한 영역에서의 정치가 중요한 이유는, 그것이 삶
의 현장에서 직접적으로 움직이는 정치가 더 중요해졌기 때문입
니다.

　거시정치를 사고하는 사람들 대부분은 이제 "무엇을 할 것
인가?" 보다 미시적인 문제인 "어떻게 살 것인가?"에 대해서 응답
해야 할 시점에 와 있습니다. 거시정치의 조직 방식은 운동을 화
석화시키고 일정표에 따라 움직이는 연대기적인 운동으로 만들
어 마치 거시정치 내의 제도 변화를 위한 압력 집단과 마찬가지
의 것으로 만들며, 이해와 요구를 수렴하는 관료 집단의 목소리

를 강화하는 경향이 있습니다. 대부분의 아래로부터의 운동은 거시정치에 의해서 요구나 이해 투쟁으로 해석되어 딱딱하게 화석화되고 활력과 미세한 특이성들이 권력, 규범, 제도 등에 의해서 번역되거나 포획됩니다. 노동조합 운동이 미시정치를 치열한 또 하나의 현장으로 받아들이지 않는다면, 세상을 변혁하는 운동이 아니라 조합원의 이해와 요구를 들어주는 사보험이나 압력 집단과 같은 것으로 전락하고 말 것입니다.

　이제 민중 운동은 욕망이 살아 숨 쉬며 역동적인 미시정치를 필요로 합니다. 성, 가족, 약물, 빈곤, 미디어, 정보교환, 교육제도, 일상생활 등이 미시정치의 화두가 될 수밖에 없는 이유는 여기에 있습니다. 욕망의 미시정치는 자본주의적 방식의 삶을 파괴하는 것이 아주 먼 미래에 다가올 유토피아에 의해서거나, 구조적인 틀의 변화를 초래할 거시정치의 변회로만 생각하지 않습니다. 그것은 민중들 삶의 움직임 속에 있는 역동적이고 변혁적인 야성적 욕망을 주목하면서, 그 욕망들이 어떻게 변화하는가도 주목해야 합니다. 즉 권력이나 규범, 이성, 제도를 통해서 세상을 바꾸겠다는 기획에서 벗어나 사랑과 욕망이라는 색다른 부드러움이 세상을 어떻게 바꿀 수 있는가를 주목하는 겁니다. 욕망의 미시정치는 자신이 발 딛고 있는 삶의 현장에서의 모든 수준을 문제 삼고, 색다른 배치를 만들기 위한 실험과 실천을 하는 것을 의미합니다. 예를 들어 노동 해방 이후에야 사회 해방이 올 것이

기 때문에 가족 내에서의 문제나 남성과 여성 간의 평등의 문제
는 이후에 논의되어야 한다는 아주 오래된 레퍼토리가 있습니다.
거시정치는 대부분 그런 식입니다. 구조를 바꾸어야지만 나중에
논의될 수 있는 삶의 수준이 있다고 말하며, 삶의 직접적인 문제
를 뒤로 미루는 경향이 있습니다.

그런데 욕망의 미시정치는 완전히 다른 방향성에서 문제의
해결책을 찾습니다. 색다른 삶을 창조해냄으로써 세상을 완전히
다른 방식으로 보는 것이 가능하다는 것입니다. 세계 재창조의
과정은 다른 의미에서 세상을 인식하고 느끼고 지각하는 것을
의미합니다. 앞서 언급했던 펠릭스 가타리는 부엌이라는 공간이
재창조되는 순간을 예로 들면서, 물의 흐름, 불의 흐름, 음식의 흐
름, 쓰레기의 흐름이 교차하고 어우러져 마치 한편의 웅장한 오
페라 공간처럼 재창조된다고 표현합니다. 욕망의 미시정치가 이
루어지는 전 과정은 색다른 삶을 창조해내는 작은 변화가 사회
적이고 집단적인 배치를 바꾸는 큰 변화를 초래하는 것으로 묘
사됩니다. 그 의미는 제도를 바꾸기 위해서 관료 집단에게 이해
와 요구를 주장하는 압력 집단이 되는 것이 아니라 자신이 즐기
고 좋아하는 욕망에 기반해 직접적인 관계망을 바꾸는 것이 필
요하다는 점을 강조한 것입니다. 삶의 현장에서 자신이 좋아하는
방향으로 나아가는 실천을 통해 직접적인 사회적 배치를 바꾸다
보면 그것이 결국 제도의 변화로 이어진다는 것입니다. 이제 삶이

라는 현장의 언어를 이해와 요구라는 형태로 번역하는 것이 아니라 직접적인 욕망과 사랑의 형태로 현장 내부에서 유통하는 것이 필요하며, 그것이 바로 욕망의 미시정치인 것이지요.

'욕망의 미시정치'는 즐겁고 발랄한 생활 정치이며, 일상생활에서 아주 가까이에 있는 문제를 바꾸어냄으로써 완전히 다르게 사는 것을 실천하는 정치입니다. 아주 작고 미세한 변화가 전체 공동체와 사회에 큰 변화를 초래할 것이라는 생각이 여기에 있으며, 큰 변화가 자신에 의해서만 가능하다고 여기면서 위세를 부리거나 미세하고 작고 발랄한 변화를 경직시키는 방식의 관료화된 거시정치에 대해서 일침을 가하는 것입니다. 자신의 삶을 바꾸는 실험은 자신의 특이성 생산으로 인해 서로 연결되어 있는 사회 생태계에 변화를 주는 일이기도 합니다. 가타리의 이러한 욕망의 미시정치라는 개념은 한국 사회에 아주 가까이 다가와 있습니다. 이는 촛불집회나 각각의 공동체에서 이미 수행중인 정치 형태입니다. 세상을 바꾸는 실천을 시작한다는 것은 다른 사람들이 당연하게 여기는 것을 의문시하고 즐겁게 그것을 변화시키는 실험에 나서는 것입니다. 욕망의 미시정치를 통해 자신의 부엌, 남성과 여성의 관계, 일과 놀이의 관계 등을 바꾸어보겠다는 실험이 언제든 가능한 것입니다.

욕망이 활력이 되는 세상

빨갛고 매운 고춧가루는 한국 음식의 상징입니다. 김치나 찌개에 고춧가루가 들어가지 않으면 제대로 된 음식을 만들 수 없을 정도로 거의 모든 음식에 고춧가루가 들어갑니다. 지금은 고춧가루를 사서 먹는 집이 많지만 어릴 적에는 고춧가루를 만들기 위해 동네에서 고추의 꼭지를 따서 말리는 곳이 많았습니다. 그럴 때면 빨갛게 물든 평상은 매운 냄새로 가득했는데, 이것들이 바로 요즘은 찾아보기 힘든 태양초지요. 다 마른 빨간 고추를 우리네 어머니들은 마른 수건으로 닦아내고 안에 있는 씨를 털어낸 후 방앗간에 가서 빻아 고춧가루를 만들었습니다. 고춧가루가 들어간 음식은 매우면서도 시원한 맛이 납니다. 동태찌개에 무를 숭숭 썰어 넣고 고춧가루와 파를 넣으면 그 시원한 맛이 한층 높아지고, 고춧가루로 방금 비빈 깍두기의 설익고 매운맛은 일품입니다.

고춧가루는 다이어트에 효과가 있는 것으로 보고되고 있습니다. 매운 음식이 체중을 줄이는 데 일정한 역할을 하는데, 고추에 함유된 캡사이신이 지방 축적을 줄이면서 지방 연소를 촉진하는 효능이 있다는 것입니다. 또 이 캡사이신이 위염과 위암 등을 일으키는 헬리코박터파일로리균을 억제하여 위장병에도 효과가 있다고 합니다. 과하지 않은 매운맛은 통증이 아니라 자극

   세 번째 식탁: 철학에 윤기를 더하는 양념

이 됩니다. 거나하게 취한 다음 날 콩나물 해장국을 끓여서 거기에 고춧가루를 팍팍 쳐서 먹으면 속이 확 풀리면서 가라앉습니다. 고춧가루가 얼마나 풀렸느냐가 속풀이의 가장 중요한 열쇠이며, 거기에 따라 시원함의 정도가 달라집니다. 또한 짜장면을 먹다가 사천식 짜장이 생각나면 고춧가루를 팍팍 쳐서 풀면 짜장면의 맛이 달라지는 것을 느낄 수 있습니다. 물론 이렇게 자극적으로 만든 음식이 매번 좋은 것만은 아닙니다. 아이들이 너무 맵다고 김치를 못 먹으면 엄마들은 대부분 김치에 붙은 고춧가루를 물에 씻어 없앤 다음 주기도 하니까요. 자극적인 음식을 좋아하는 성인과 달리 아이들이나 노약자의 경우에는 고춧가루를 되도록 제거한 음식을 선호하는 경향이 있습니다.

고춧가루의 매운맛은 맛이 아니라 통증이며, 통증의 욕망을 통해서 다른 욕망을 다스리는 욕망의 미시정치가 있는 음식입니다. 매운맛에서 느껴지는 통증의 자극은 시원하다는 느낌과 더불어 통렬하게 자극해와서 욕망을 활성화합니다. 그래서 매운맛이 주는 욕망의 활성화된 느낌을 아는 사람은 땀과 눈물 콧물을 흘리며 먹는 즐거움을 잊지 못합니다. 강렬한 느낌, 롤러코스터처럼 화끈한 느낌, 짜릿한 쾌감의 느낌을 즐기는 젊은 세대에게 고춧가루는 색다른 즐거움을 선사하는 양념입니다. 욕망을 통해서 욕망을 다스릴 수 있는 양념이라는 점에서 고춧가루는 매력 있는 매개체이며, 시원하게 자극하는 통증을 통과의례로 느끼고 싶

어 하는 사람들에게 좋은 자극제입니다. 시원한 콩나물국을 붉
게 물들이는 고춧가루, 짜장면 위를 덮은 고춧가루, 떡볶이를 끓
이면서 넣는 고춧가루, 이 모든 고춧가루의 향연이 세상을 정열
로 붉게 물들이면, 욕망이 활력이 되는 세상도 가까워질 겁니다.

마늘과 성정치

드라큘라와 카사노바 사이에서

'마늘' 하면 떠오르는 두 사람이 있습니다. 바로 카사노바와 드라큘라이지요. 이 두 인물에게는 목적이야 각기 다르지만 여성 편력이 심하다는 공통점이 있습니다. 그러나 카사노바가 마늘을 평생 좋아한 반면, 드라큘라는 마늘을 죽도록 싫어했다고 알려져 있습니다. 후대의 연구자들에 의하면 드라큘라가 마늘을 싫어한

마늘과 성정치

이유를, 소설의 모델이 된 인물이 자극적인 물질이나 햇볕에 노출되면 사망하는 '포르피리아'라는 유전병 환자이거나 광견병 환자이기 때문이라고 추정하기도 합니다. 한편 조반니 카사노바 Giovanni Casanova는 엄청난 여성 편력을 일생 동안 지속했는데, 심지어 종교재판관의 아내와 연분을 일으켰다가 '여자를 유혹하는 기술이 악마와도 같다'는 죄명으로 감옥에 가기도 했습니다. 18세기 유럽은 자유연애와 프리섹스라는 개념이 없었습니다. 이런 분위기 속에서 자유연애를 하는 카사노바의 출현은 당대 사람들에게는 충격적이면서도 사뭇 부러운 일이 아닐 수 없었습니다. 하지만 그 누구도 보란 듯이 자유연애와 프리섹스를 할 용기를 가진 남자는 없었습니다. 그런데 신분이나 계급장 떼고 자유연애를 하는 카사노바는 이탈리아, 프랑스, 오스트리아 등 유럽 전역을 들썩이게 했습니다. 이 카사노바가 제시한 성 해방의 음식 코드가 바로 마늘이었습니다.

마늘이 들어가지 않은 한국 음식은 찾아보기 어려울 정도로 마늘은 찌개나 국, 나물 등 모든 음식에 약방의 감초처럼 들어갑니다. 마늘의 톡 쏘는 맛과 특유의 향기는 음식에 배어들어가 맵싸하면서도 깊은 향과 맛을 내지요. 마늘이 온갖 음식에 들어간다는 건 늘 빻은 마늘을 집에 비치하고 있어야 한다는 이야기인데요, 사실 마늘을 까고 빻는 일은 여간 귀찮고 힘든 일이 아닙니다. 어릴 적에 마늘을 까다보면 어느새 눈이 매워져 왜 이런 걸 까게 하는지 어머니가 원망스럽기도 했습니다. 나중에 커서 알게 되었지만 마늘은 소화를 돕고 암과 심장병 예방, 피로 회복, 정력 증진, 혈압 강하, 혈전 용해의 효능이 있는 거의 불가사의한 효능을 가진 양념이었습니다. 그것을 알고 나서 마늘을 달리 보게 되었지요.

마늘은 우리나라에서 오랫동안 재배해온 것으로 추정됩니다. 단군신화에서 사람이 되기 위해 동굴에서 100일 동안 마늘과 쑥을 먹었다는 호랑이와 곰 이야기가 나오는 것을 보면, 고조선에도 마늘이 있었다는 것을 알 수 있습니다. 마늘은 산蒜이라고도 하는데, 어원은 몽골어 만끼르maggir에서 유래한다는 설과 조선 후기의 음식 책인 《명물기략名物紀略》에서 언급한 '맛이 매우 날하여 맹랄猛辣에서 유래되었다'에서 '맹랄'이 '마늘'이 되었다는 설이 있습니다. 중국의 문헌을 살펴보면 진나라 문헌 《박물지博物志》에서 "중국에는 본디부터 산이 있었는데 한나라의 장건張騫이 서역에서 이와 비슷하면서 훨씬 큰 것을 가져왔으므로 이것을 대산大蒜 또는 호산胡蒜이라 한다"라는 구절이 있는 것으로 보아 서역에서 중국으로 전파되었다는 것을 짐작할 수 있습니다. 마늘의 원산지는 서남아시아나 이집트 등으로 추정됩니다. 마늘에 대한 고대 기록으로는 기원전 2500년 무렵 이집트 쿠프 왕의 피라미드 벽면에 피라미드 건설 노동자들에게 마늘을 배급한 양이 적혀 있었던 것이 처음입니다. 이를 통해서 이집트 등의 나라

마늘과 성정치

에서 마늘이 가장 먼저 음식으로 쓰였다는 점을 알 수 있습니다.

마늘은 알린allin이라는 유황 화합물로 이루어지는데, 마늘 조직이 상하면 알린이 자기방어 물질을 내뿜어 알리신으로 변해 독한 냄새를 냅니다. 알리신은 강력한 살균, 항균, 항암 등의 효능을 갖고 있는 물질이며, 천연 물질로서는 가장 강력한 항생제입니다. 예로부터 이러한 효능으로 인해 잡귀를 쫓아내는 데 마늘이 대표적으로 쓰였습니다. 마늘은 먹는 순간 바로 효과를 볼 정도로 효능이 빠르게 나타나는 것이 특징이며, 피로, 식욕부진, 불면증, 빈혈 증상뿐만 아니라, 정력 증강에 도움을 주어 자연 강장제로 널리 쓰이고 있습니다. 요즘에야 마늘의 화학 성분을 분석하고 연구해 그것의 효능을 알아내지만, 18세기에 이미 체험적으로 마늘의 성적 코드를 발견하고 즐겼던 카사노바는 어찌보면 대단합니다. 경험만한 스승이 없다더니, 여기에 꼭 맞는 말 같군요.

라이히, 성정치를 생각한 불온한 사상가

마늘은 성이 갖고 있는 해방적 요소를 촉진하고 발전시키는 측면에서 성정치의 기능을 갖고 있으며, 굳이 카사노바가 아니더라도 누구나 일상에서 쉽게 접근할 수 있는 효과적인 양념이자 천연 약물입니다. 성정치는 섹스폴sex-politics이라고도 불려왔으며,

 세 번째 식탁: 철학에 윤기를 더하는 양념

그 창시자가 빌헬름 라이히Wilhelm Reich입니다. 빌헬름 라이히는 서로 상이한 학문이었던 프로이트주의와 마르크스주의를 결합시켜 프로이트-마르크스주의를 창시한 사람이며, 오스트리아에서 태어나서 미국으로 망명한 정신분석학자입니다. 성 해방과 관련된 파문으로 인해 당대 라이히는 정신분석학회로부터 제명당하고 공산당으로부터도 추방당했습니다. 물론 그 이유는 라이히 자신의 성정치와 관련된 문제의식에 대해서 당대의 정치 세력과 아카데미가 받아들일 수 없었기 때문이었습니다. 라이히가 살았던 시대는 히틀러의 나치즘이 막 태동한 시기였습니다. 그는 파시즘이 등장하게 된 배경을 곰곰이 관찰하면서 연구했는데, 그 결과 억압을 내면화하고 억압에 복종하는 갑옷과 같은 무장 층위를 발견합니다. 17세기에 스피노자가 질문했던 핵심적인 문제의식인 "왜 인간은 예속을 영예로 삼는가?"라는 질문은 20세기 라이히에게 계승되어 "왜 대중은 예속을 욕망하는가?"라는 질문으로 던져집니다. 그의 대답은 아주 체계적이고 기계적으로 이루어진 성 억압이 근본적인 원인이라는 것입니다. 마치 정상인처럼 보이는 사람들이 '성격갑옷' 속에서 딱딱하게 경직되고 파시즘의 권위에 굴종하는 복종의 욕망이 형성되는 이유는 성-욕망이 억압되면서 굴절되고 변형되었기 때문이라는 것이며, 이러한 그의 진단은 그의 책《파시즘의 대중심리》에서 예리하게 다뤄지고 있습니다.

라이히보다 먼저 성 욕망을 발견한 사람은 프로이트입니다. 프로이트는 리비도 에너지가 생체 에너지로 발생하는 것을 발견했고, 후기에 이르러 그것이 억압되어야 문명이 성립할 수 있다는 보수적인 결론을 이끌어냈습니다. 즉, 동물과 같은 생체 에너지의 움직임을 그대로 두면 근친상간을 저지를 것이며, 사회질서를 파괴할 것이 분명하다는 것입니다. 그렇기 때문에 프로이트는 아버지, 신, 국가와 같은 초자아가 그것을 금기시하는 것은 분명히 필요한 것이라고 여깁니다. 그렇기 때문에 프로이트는 가족신경증이라는 정신질환은 나쁜 아버지를 좋은 아버지로 바꾸는 작업일 뿐 여전히 아버지는 필요하다는 입장을 보이는 것입니다. 프로이트가 가족신경증의 원인으로 지목한 것은 오이디푸스 콤플렉스입니다. 오이디푸스는 신탁에 의해 테베의 왕이 된 사람으로 아버지를 죽이고 어머니와 결혼을 하게 되었다는 신화의 주인공입니다. 프로이트가 볼 때 모든 사람은 그대로 두면 근친상간을 저지를 수 있는 무질서하고 부도덕한 욕망을 갖고 있는 셈입니다.

그런데 라이히는 프로이트의 이런 주장을 반박합니다. 오히려 가족신경증의 기원에는 체계적인 성-욕망에 대한 억압이 있으며, 성에 대한 억압은 신체에 울혈을 만들어내면서 딱딱한 갑옷과 같은 상태가 되어 결국 왜곡된 성격 구조로 나타난다는 것입니다. 라이히는 자연스러운 성-욕망이 억압되면 2차적 욕망이 발생되는데, 2차적 욕망은 기괴하고 비틀어지고 도착적인 형태를

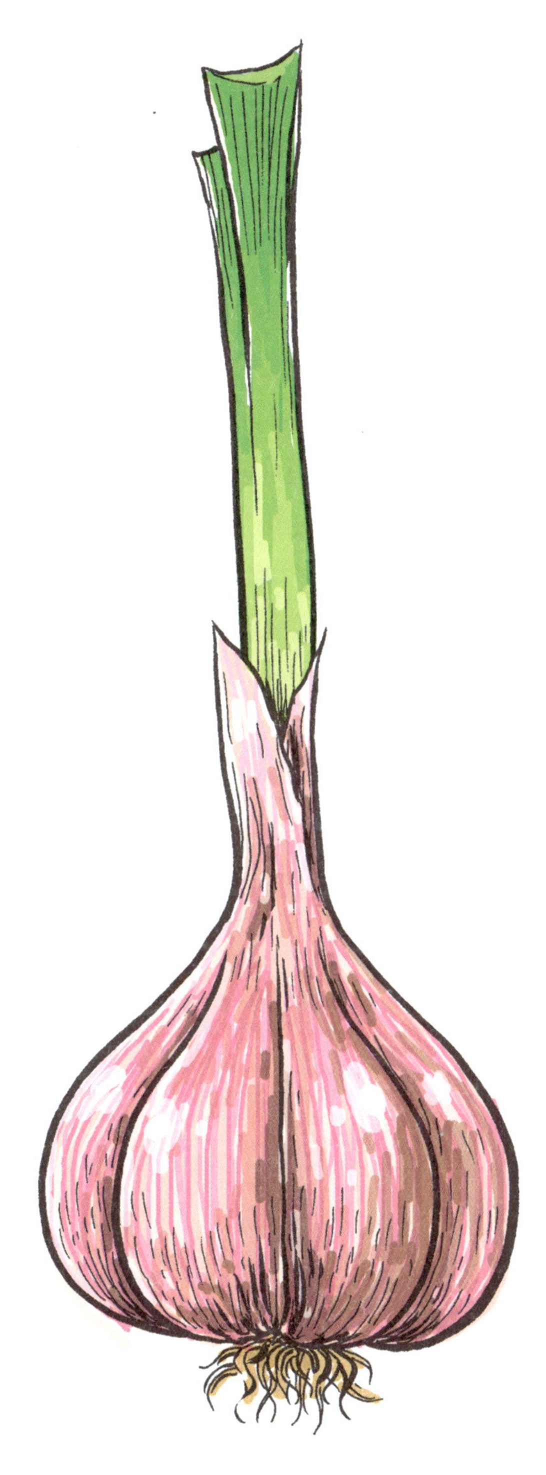

띤다고 봅니다. 결국 라이히의 주장은 욕망 자체가 기소되어야 할 범죄 요건을 갖춘 것이 아니라 억압 자체가 모든 질환과 병리, 성범죄 등의 기원이 된다는 것입니다. 당연히 프로이트주의자들은 라이히를 학회에서 쫓아냈습니다. 라이히는 젊은이들과 오르가즘의 치유적 기능에 대해서 연구하기 시작하였습니다. 그 보고서가 《오르가즘의 기능》이라는 책입니다. 이제 라이히에게 성 위생에 대한 문제는 현장의 고민이 됩니다. 성 해방을 통해서 억압된 사회구조를 변화시킬 수 있다는 생각을 갖게 된 라이히는 정신분석학에서 벗어나 성생활, 자녀 양육, 낙태, 영양, 피임, 성 위생, 결혼, 이혼 등과 같은 노동자의 생활과 관련된 상담을 담당하면서 성정치라는 독특한 정치의 구도를 만들어냈습니다.

라이히의 글을 접한 시기는 2000년에 들어와서였습니다. 성 해방이라는 물결은 민주화가 결실을 피울 때 만개했습니다. 그러나 권위주의로부터 벗어났지만 여전히 사회 곳곳에서는 성-억압의 분위기가 잔존했습니다. 당시 성소수자들이 조심스럽게 커밍아웃을 시작했고, 성노동자들이 시위를 조직하였습니다. 라이히의 성정치라는 단상은 이후 가타리의 '욕망의 미시정치'의 모태가 됩니다. 가타리는 성-욕망을 넘어서 나타난 기호-욕망의 현상에 주목하였으며, 기호-욕망의 단계에서는 욕망이 성이라는 신체 현상을 넘어서게 된다고 말합니다. 라이히의 신체 중에서도 성으로 환원되는 욕망의 차원이 어찌 보면 너무 단순하다고 느꼈던 터라 가타리의 제안은 생각할 거리를 주었습니다. 이를 테면 성-욕망조차도 많은 성적인 이미지나 코드에 의해서 조작되고 있지 않나 하는 생각이 들었습니다. 물론 라이히가 생존하던 당시에도 히틀러에 의해서 영화를 통한 대중 무의식에 대한 조작이 이루어졌지만, 오늘날처럼 극소 정보기술이나 영상 이미지, 사이버 기술 등에 의해서 욕망이 체계적으로 조작되는 단계는 아니었습니다. 탈근대자본주의 사회에서의 욕망은 기호적 차원의 문제가 되었습니다. 즉 어떤 특이한 기호 작용이 욕망의 배치를 바꿀 수 있는가의 문제가 됩니다. 탈근대 자본주의하에서의 주류 미디어는 기호-욕망의 단계에서 표준화된 기호를 소비하고 무의식적으로 기존의 삶을 유지하도록 고정관념을 재생산하는 역할을 합니다. 반면 네트워크나 공동체 내에서 특이한 기호-흐름이 발생할 가능성이 높아진 것도 사실입니다. 가타리는 자본주의적 인간형으로 전형화된 기호-욕망을 기표Signifiant로 설명하며, 고도로 조직되면서도 색다른 자유를 갖고 있는 기호-욕망을 도표Diagram라고 규정합니다.

라이히의 말년의 비극에 대해서도 한마디해야 할 것 같습니다. 라이히의 성정치적 사고는 신체를 넘어서서 우주의 근원에너지에 대한 탐구로 나아갑니다. 라이히는 오르곤 에너지라는 근원적인 에너지를 통해서 암치료 등에 도전하려고 하였습니다. 그래서 구름 집적기와 같은 기계장치를 통해서 비를 내리는 실험을

하고자 했는데, 그것이 미국의 주정부 간의 접경을 넘어설 때 식
품위생법 위반이라는 미국식품의약국FDA의 고발에 의해서 구속
되었으며, 감옥에서 심장마비로 사망합니다.

마늘빵 굽는 시간

성정치가 세상에 던졌던 파문과 같이, 마늘이 음식 문화에
도입되면서 초래했던 파급효과도 만만치 않습니다. 허준은《동의
보감》에서 "마늘이 성질이 따뜻하고 맛이 매우며 독이 있다고 하
면서도 종기를 제거하고, 냉과 통풍을 제거하고 비장을 튼튼하게
하며, 토하고 설사하는 것이나 근육 뒤틀림, 전염병 예방에 마늘
만한 것이 없다"고 얘기합니다. 마늘의 효능은 예로부터 예방 식
품에 속하는 것이었습니다. 질병과 전염병, 해충 등의 예방에 민
간요법으로 효능을 볼 수 있는 것으로 마늘만한 것이 없습니다.
예를 들어 한국에서 각기병이 흔치 않았던 이유는 마늘의 복용
과 긴밀한 관련이 있다고 분석되고 있으며, 사스(중증급성호흡기증
후군)가 한국에서 확산되지 않았던 것도 마늘 섭취와 긴밀한 관
련이 있다는 보고도 있습니다. 그런가 하면 미국의 시사 주간지
《타임》은 마늘의 알리신이 페니실린보다 더 강력한 천연 항생제
라고 소개하고 있습니다.

   세 번째 식탁: 철학에 윤기를 더하는 양념

저녁 시간에 출출해지면 식빵이나 바게트에 마늘소스를 얹어서 마늘빵 만들기에 돌입합니다. 마늘 다진 것과 꿀과 올리브유, 파슬리 가루를 섞어서 빵에 발라 오븐에 살짝 구워내면 마늘빵이 완성됩니다. 처음에는 마늘빵 만들기를 할 때 어떻게 해야 할지 잘 몰라서 빵가게에서 사서 먹곤 했습니다. 그러나 인터넷을 뒤져보고 도전 정신이 생겨서 만들어봤는데, 어찌나 맛있던지 자주 하게 되었습니다. 특히 마늘의 맛은 부드럽고 새콤하면서도 오븐 속에 들어간 빵의 딱딱한 표면을 촉촉이 만들어서 입 안에서 살살 녹아듭니다. 마늘로 이루어진 갈릭garlic소스가 들어가면 빵이나 샌드위치, 샐러드가 훨씬 맛깔나게 바뀐다는 비밀을 알고부터 냉동실에 얼려져 있는 마늘 다진 것이 귀하게 여겨졌습니다.

마늘의 다양한 효능은 일리신의 유황 성분이 갖고 있는 살균, 항균, 항암의 예방적 효과에서 비롯됩니다. 또한 천연 유황 합성물은 생기를 돕고 활력 있고 정열적인 욕망을 활성화합니다. 그러나 마늘을 자양강장제 정도로 생각하면 오산입니다. 그것은 마늘 자체가 갖고 있는 효능의 아주 작은 일부일 뿐 전부가 아니기 때문입니다. 마늘의 효능을 제대로 살리기 위해서 날 것으로 짓이기거나 잘라서 바로 먹어야 하는데 너무 독해서 그렇게 먹기는 어렵습니다. 그래서 선조들은 그런 마늘 효능을 바로 체험하기 위해서 제사 의례처럼 독한 맛을 견디도록 했는지도 모릅

니다. 마늘이 음란한 마음을 갖게 한다고 해서 절에서는 오신채(불교에서 금하는 다섯 가지 음식물)로 분류하여 금기시했습니다. 그러나 마늘은 성을 활성화하여 신체를 긍정하고 욕망을 해방하는 방향으로 나아가도록 만들 수 있는 잠재력을 갖고 있는 음식입니다.

마늘은 성을 억압하는 음식이기보다는 성을 활성화하고 촉진하는 음식입니다. 성정치는 자본주의적 현실을 순응하며 그것에 따르는 에로스적인 움직임에 머무는 것이 아니라, 자본주의의 사회구조가 만들어낸 틀로부터 벗어나서 해방과 변용의 흐름으로 나아가도록 만드는 미시정치적 요소를 갖고 있습니다. 그래서 마늘이 갖고 있는 성정치적 역할과 기능은 성 억압이 만들어낸 딱딱하고 경직된 갑옷을 녹아내리게 할 수 있는 변용의 능력을 의미합니다. 마늘이 음식에 빠질 수 없듯이 우리 일상생활 속에서 성을 빼 놓고 생각할 수 없습니다. 마늘의 독하면서도 짜릿하게 자극하는 맛과 느낌처럼 성정치는 억압과 순응, 복종을 넘어 끓어 넘치는 도가니와 같은 욕망의 흐름일 것입니다.

　　　　　세 번째 식탁: 철학에 윤기를 더하는 양념

후추와 물신성

후추의 역사, 제국의 역사

막 갈아 넣은 통후추를 맛본 적 있으신가요? 그 고급스러운 맛과 향기는 어떤 향신료도 따라올 수 없을 만큼 독보적이지요. 먼 옛날 인도 등지에서 생산되던 후추가 중세 유럽에 소개되기 전까지만 해도 유럽인들의 주된 조미료는 소금밖에 없었지요. 소금으로 간을 한 단조롭고 지루한 음식만 맛보던 유럽의 귀족들은 후추의 감미로운 향기와 풍미에 순식간에 매료되었습니다. 특히 고기 보관 시설이 별로 없던 당시 유럽에서 싱싱하지 않은 고기의 맛을 살리면서 냄새까지도 가려주는 후추가 무척 매력적으로 느껴졌을 겁니다.

셰익스피어의 희곡 《베니스의 상인》에서 당시 후추 수입의 일면을 엿볼 수 있습니다. 주인공 안토니오는 악덕 고리대금업자 샤일록에게 배를 담보로 돈을 빌리지요. 그는 만약 배가 안 들어와 돈을 못 갚을 경우 살 1파운드를 내놓겠다고 샤일록과 서약을 합니다. 그러나 배는 들어오지 않았고 결국 안토니오는 재판정에 서게 됩니다. 이때 안토니오의 약혼녀가 몰래 재판관으로 위장해 피를 한 방울도 흘리지 않는 조건으로 살 1파운드를 가져가라는 판결을 내리면서 샤일록을 패소하게 만든다는 내용입니다. 당시 베니스 상인이 배를 이용해서 동방으로부터 유럽으로 고가의 후추를 실어 날랐다는 사실을 알고 나면 이 작품의 역사적 맥락을 파악할 수 있습니다. 15세기 이후 터키의 무역로 봉쇄에 의해서 육로를 통한 후추 수입이 차단되자 유럽인들은 패닉 상태에 빠져 아우성치기 시작했습니다. 그래서 수십 척의 선단을 꾸려 후추 생산지인 인도로 가는 항로를 개척하는데, 투자자의 위험부담을 분산하기 위해서 주식회사가 처음으로 등장하기도 했습니다. 그때 인도로 가는 길을 성공적으로 개척했던 사람이 포르투갈의 '바스코 다 가마'라는 사람입니다. 그는 희망봉을 거

   세 번째 식탁: 철학에 윤기를 더하는 양념

쳐 아프리카를 건너 인도로 향하는 항로를 개척했습니다. 대륙을 종단하여 후추를 가져오려는 발상은 얼마나 유럽인들의 후추에 대한 열망이 강했고 후추가 막대한 부를 보장했는지를 잘 보여주는 대목이기도 합니다. 이후 콜럼버스는 지구가 둥글기 때문에 서쪽으로 향하면 후추가 많이 있는 인도로 갈 수 있다고 믿고 항해를 떠납니다. 그는 사실 아메리카 대륙을 발견했지만 그곳을 인도라고 여기고 거기서 후추를 찾지 못하자 대신 비슷한 고추를 가져갑니다. 이처럼 유럽의 무역 전쟁이나 식민지 점령의 배후에는 후추가 있었으며, 최초로 유럽의 제국주의적 역사를 만들어낸 배후에도 후추가 있었습니다.

우리나라에서도 이인로의 《파한집》이나 《고려사》에서 심심치 않게 후추에 대한 이야기들이 기록되어 있는 것을 보면, 고려시대부터 인도와의 직접적인 무역이 있었다는 것을 알 수 있습니다. '후추'라는 이름은 중국 한나라 때 호나라의 사신으로 갔던 장건이 비단길을 통해서 가져왔다는 속설에 따라 붙여진 것으로, 호나라의 산초를 줄여서 호초라고 불렸고 지금의 후추가 되었지요. 고려시대 후추는 매우 귀한 물품이었습니다. 그리고 유럽인만큼이나 고려인들도 후추의 맛에 반했으며 아주 귀하여 금과도 바꾸지 않을 정도였습니다. 조선시대에 들어서도 후추는 부귀와 영화의 상징이었습니다. 조선시대의 문신 류성룡이 임진왜란 동안 경험한 사실을 기록한 책인 《징비록懲毖錄》에 나오는 후추에 관한 일화가 이런 후추의 중요성을 말해줍니다. 선조 때 우리나라의 사정을 염탐하러 도요토미의 밀정으로 온 왜국의 사신이 술좌석에서 후추를 바닥에 마구 뿌리자 벼슬아치나 기생이나 할 것 없이 그것을 줍느라 난장판이 되었다고 합니다. 이 상황을 보고받은 도요토미는 조선 관리들의 규율이 문란하니 침략하기 쉬울 것이라는 생각을 했다고 합니다. 이런 동서양의 역사를 보면 후추가 금이나 은처럼 값비싸고 희귀하며, 부와 명예를 상징하는 사치품으로 간주되고 있었다는 것을 알 수 있습니다. 이렇듯 후추의 역사는, 허세와 부귀를 쫓는 탐욕을 불러오는 침략과 전쟁의 제국주의 역사라고 해도 과언이 아닙니다. 동서양을 막론하고 제대로 된 조미료는 소금 정도가 전부였던 시절에 귀족들의 화려한 탐미적 취향을 유혹하고, '스타일' 있는 음식을 만들게 한 유일한 향신료였던 것이지요.

물신주의와 도구적 이성

후추는 육류의 맛을 짜릿하고 자극적으로 만들면서도 마치 화려한 금박을 뿌려놓은 케이크처럼 진한 향으로 우리를 유혹하지요. 또한 후추는 육식 문화에 첨가되어 육식의 '물신성'을 강화하는 향신료라고 감히 말할 수 있습니다. 육식 문화의 첨단을 달

  세 번째 식탁: 철학에 윤기를 더하는 양념

리던 서구에서 후추는 아주 중요한 상품이었고 무역 수단이었습니다. 물신성에 대해서 최초로 얘기한 사람은 칼 마르크스였지요. 칼 마르크스는 그의 필생의 역작이었던《자본론》의 1장 마지막 절에서 상품 물신주의에 대해서 언급합니다. 이에 따르면 노동자의 힘과 땀의 대가로 만들어진 상품의 가치가 마치 본래적으로 상품이 갖고 있었던 것처럼 느껴진다는 것입니다. 이를테면 사과를 만드는 데 들었던 농부의 땀과 힘과 무관하게 사과 자체의 맛에 의해 품질이 결정되는 것과 같습니다. 또는 노동자의 힘과 땀으로 이루어진 상품이 노동자와 무관하게 시장 거래가 이루어지는 현상이나, 인간관계가 상품 간의 관계와 같이 바뀌는 것도 그 사례입니다. 이렇듯 사회적 관계인 노동자와 자본가의 관계를 상품과 화폐의 관계 같은 물건과 물건의 관계로 역전시켜 사고하는 것이 상품물신주의 현상입니다. 대학 시절,《자본론》을 읽었을 때 생각이 나네요. 당시에는 물신주의가 소외를 만들어낼 거라고 생각했습니다. 그러나 물신주의의 극한이라고 할 수 있는 현재의 문명에서 바라보면 상품물신성의 의미는 새롭게 다가옵니다. 그것은 소외라기보다는 도착이라고 할 수 있겠지요. 소외는 인간이 소극적으로 주변으로 밀려나게 만드는 현상이라면, 도착은 인간이 물화되는 것을 적극적으로 탐하는 것을 의미하기 때문이지요.

자본주의가 가진 물신주의의 근원은 괴테의《파우스트》에

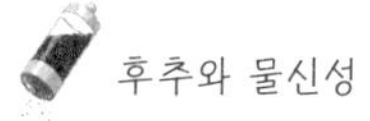

서도 찾아볼 수 있습니다. 파우스트는 왕이 되었는데, 농노들이 제 각각 땅을 달라고 아우성을 칩니다. 왕은 어떻게 하면 땅에 묻힌 보물과 재화를 그들에게 넘겨주지 않을 것인가를 고민합니다. 그때 악마인 메피스토펠레스가 다가와 이렇게 얘기하지요. "농노들에게 당신이 그려진 종이로 된 증서를 주십시오. 어차피 당신의 땅에 묻힌 보물은 그대로일 거 아닙니까?" 왕이 그렇게 하자 사람들은 왕의 얼굴이 그려진 증서를 받고 마치 자신이 보물을 가진 것처럼 환호하며 만족했습니다. 18세기 괴테의 통찰로 본 자본주의는 물신주의를 기반으로 만들어진 것이었습니다. 마치 자신의 어떤 영원한 것을 소유할 수 있다는 착각이 물신주의의 기초적인 사고방식입니다. 초국적 금융자본주의는 실물경제의 백배가 넘는 자본과 화폐의 가치를 만들어내고 있습니다. 마치 물신을 통해서 영원한 삶을 약속 받을 수 있을 것 같은 망상이 금융 질서 속에 뿌리 깊은 망상으로 존재하는 듯한 느낌을 받습니다.

마르크스의 상품물신성 이론은 루카치와 프랑크푸르트학파의 사물화 테제에 영향을 줍니다. 루카치는 《역사와 계급의식》이라는 책에서 물신성의 테제가 상품 질서뿐만 아니라 합리화된 사회구조나 정치·관료 시스템까지 확대되어 나타나고 있다고 진단하면서 사물화라는 개념을 제시했습니다. 프랑크푸르트학파에 와서 사물화의 이유는 '도구적 이성'에서 찾아집니다. 도구적 이

          세 번째 식탁: 철학에 윤기를 더하는 양념

성이라는 것은 쉽게 얘기해서 자신의 목적을 위해서 과정을 종속시키고 여타의 수단과 방법을 가리지 않는 것을 의미한다고 생각하면 좋을 것 같습니다. 이에 따르면 정치가 민중을 위한 것이 아니라 민중을 수단으로 삼을 때 정치는 사실상 파시즘의 유혹으로 들어간다는 것입니다. 도구적 이성이 극단화되면서 독일 민중은 마치 정치가인 히틀러와 나치당이 독일 사회의 목적인 것처럼 환호하며 추앙했으며, 태양계 내에서 위대한 아리안 민족의 역사를 실현하고자 하는 열망 아래 모여들었습니다.

프랑크푸르트학파는 마르크스의 상품물신성 테제를 계승하여 파시즘을 분석하는 데 사용했습니다. 프랑크푸르트학파의 전통은 시장의 물신주의에 눈멀고, 사물화된 사회제도가 확장될 때 결국 인간과 생명, 민중을 목적으로 삼는 것이 아니라 철저히 수단으로 보는 파시즘의 기반이 된다는 생각을 일관된 논리로 갖고 있었습니다. 그러나 잘 생각해보면 도구적 이성이 어디에서 유래하는가를 더 깊게 생각해야 할 필요성이 있습니다. 그것은 자연을 대상으로 여기고 도구나 수단으로 삼는 것에 뿌리를 두고 있지요. 인간은 자연 속에 살아가는 동물들을 먹거리, 볼거리, 입을 거리 등으로 만들고, 그러한 도구적 합리성 속에서 물신성을 강화해왔습니다. 그러한 입장은 더글러스 러미스의 《경제성장이 안되면 우리는 풍요롭지 못할 것인가》라는 아주 훌륭한 에세이집에서도 드러납니다. 더글러스 러미스는 마르크스가 생각

       세 번째 식탁: 철학에 윤기를 더하는 양념

한 생산 관계가 사회의 토대라는 것에 대해서 의문을 갖습니다. 정말 토대는 인간과 자연의 관계이지, 인간과 인간, 즉 노동자와 자본가의 관계가 아닐 것이라는 것이 그의 생각입니다. 더글러스 러미스의 지적에서와 같이 도구주의적 기원은 자연을 대상화하고 수단화한 것이며 우리의 삶의 진정한 토대는 자연과의 관계맺음일 것입니다. 여기서 물신성의 테제는 마르크스를 넘어서 확장되며, 생명, 우주, 자연 등을 도구화하는 모든 행동을 설명하기 위한 것으로 바뀝니다.

육식 문명을 화려하게 포장하다

주로 고기 요리에 들어가는 향신료의 대명사이 후추는 미각에 화려함과 고상함을 주는 환상적인 향신료임에 분명합니다. 생명에 대해서 착취적이고 학대적인 관계를 갖는 육식 문명을 화려하게 포장하면서 물신성을 강화하고 있는 후추의 기능에 대해서 문제의식을 가지고 있는 사람들을 어떻게 생각하십니까? 즉 생명을 도구화하기 위해 생명 본연의 냄새를 없애면서 고기로서의 물신성을 강화하기 위해서 후추라는 조미료가 쓰였다는 점에 대해서 말입니다. 육식 문화의 역사를 살펴보면 중세가 끝나갈 무렵 고기의 장기 보관이 어렵다보니 상한 고기 냄새를 없애는 데

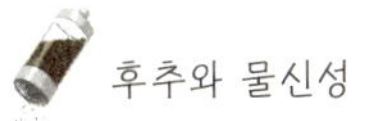

후추가 쓰였으며, 최근에는 육식의 화려함을 덧씌우기 위한 향신료로 후추가 쓰이고 있습니다. 우리는 우리가 먹고 있는 고기가 어디로부터 왔는가를 모르면서도 후추의 향기에 빠져들 때가 많습니다. 돼지, 소, 닭이 공장식 축사의 열악한 환경에서 살아가다가 잔인하게 도축되어 식탁에 오를 때 후추는 그것을 미각으로 맛있게 포장하지요. 후추의 감미로운 맛은 잔인하고 열악한 모든 보이지 않는 상황을 잊도록 만듭니다.

A4용지 한 장 크기만 한 아파트형 양계장에서 살고 있는 닭들의 현실은 참혹합니다. 그 좁은 우리에서 평생을 살아가는 닭들은 대부분 미쳐버려서 '정형행동'이라고 부르는 똑같은 행동을 반복합니다. 닭들의 90퍼센트 이상이 닭암에 걸려 있다는 보고도 있습니다. 그러나 생명의 존엄과 가치를 무시하고 우리의 미각을 위한 도구나 수단으로 볼 때, 닭은 그저 죽은 고기 상태로 요리와 배식의 단계에서만 등장하는 재료에 불과합니다. 공장식 축사에서 마치 짐짝처럼 길러지는 돼지들의 현실도 차츰 언론이나 책을 통해서 드러나고 있습니다. 너무 좁아서 스트레스를 받는 돼지들은 서로의 꼬리를 물어 뜯어버리고, 수퇘지의 경우 노린내를 제거하기 위해 대부분 거세됩니다. 또한 암퇘지가 자신의 새끼를 낳을 때도 '스톨'이라는 틀에 갇혀 젖만 겨우 내놓습니다. 소들은 어떨까요? 소의 맛은 '마블링'이라는 얘기가 있습니다. 그런데 마블링을 만들기 위해서는 움직이지 못하도록 좁은 우리에

　　　　세 번째 식탁: 철학에 윤기를 더하는 양념

소를 비육해야 합니다. 또 호텔의 분홍빛이 나는 어린 송아지 고기를 만들기 위해 새끼 송아지들을 빈혈 상태로 방치하기도 합니다. 여기서 동물은 경외와 경탄해야 할 생명이 아니라, 육식을 위한 도구이자 수단이 됩니다. 여기서 인간과 자연의 관계를 물건의 관계로 보는 물신성이 드러나며 그 물신성을 특유의 향과 감미로운 맛으로 감추는 후추가 이면에 있습니다.

과도한 육식 문명 곁에 있어온 후추라는 향신료는 고기에 화려함과 고상함을 부여해줌으로써 다채로운 음식들이 어떤 방식으로든 고기의 맛을 따라갈 수 없도록 만듭니다. 그럼으로써 육식 문화가 갖고 있는 근본적인 물신성을 강화합니다. 우리는 후추의 감미로움에 취해서 동물들의 열악하고 절박한 현실은 생각하지 않고, 단지 맛의 즐거움에 집착했던 역사가 결국 어떤 결과를 낳았는지를 한번쯤 생각해볼 필요가 있습니다. 그런가 하면 육식 문명이 환경을 파괴해온 역사 또한 만만치 않습니다. 소, 돼지를 도살하고 씻는 데 사용되는 물의 양은 2급수 이상의 물 총량의 많은 부분을 차지해서 수자원 고갈의 원인이 되지요. 열악한 공장식 축사의 축축하고 지저분한 환경은 구제역, 광우병, 조류독감, 신종 플루 등 가축 전염병의 원인이 되었고, 엄청난 재앙의 씨앗이라고 할 수 있습니다. "그래도 상관없어! 우리에게는 후추가 있잖아!"라고 얘기한다면 문제가 해결되는 것이 아닙니다. 생명에 대한 존중 의식의 문제는 차치하더라도 가장 중요한 지구

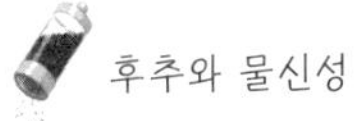 후추와 물신성

생태계와 인류의 생존마저도 위협하는 육식 문화에 대해서 문제 의식을 가져야 할 상황에 놓여 있는 것이 지금의 현실입니다.

그러한 문제들에서 후추의 책임은 없다고 얘기하는 사람도 있을지 모릅니다. 그러나 과도한 소비를 유발하는 광고와 포장지가 지구 환경에 책임이 있듯이 후추도 육식 문명을 화려하게 포장해온 주범이기에 일말의 책임이 없다고는 할 수 없습니다. 어떤 사람은 "다 먹고 살자고 하는 거니까요. 너무 따지지 말고 즐깁시다"라고 말할지도 모릅니다. 그러나 동물들을 그저 먹기 위한 수단이 아니라 살아있는 우주의 생명체로 본다면, 그런 공장식 축사에서 기를 수 있는지에 대해서 대답해야 할 것입니다. 지금처럼 너무 자주, 많이, 그리고 어디서 왔는지 모르는 정체불명의 고기를 먹는 것이 아니라 되도록 채식을 하거나, 먹더라도 아주 조금, 가끔씩, 동물 복지가 지켜졌는지 제대로 확인하고 먹는 윤리적 소비가 필요합니다.

채식 밥상이면서도 가난한 밥상이 새로운 음식 혁명이 될 수 있지 않을까요? 부유하고 화려하고 맛깔스러우며 영양가가 많은 밥상이 만드는 물신성으로부터 벗어나 후추를 가난하게 쓰는 방법을 생각해보는 건 어떨까요? 요즘 아침 식사로 야채 샐러드 위에 통후추를 갈아 살짝 뿌려 먹는데, 아침에 잠이 덜 깨서 먹는 커피 한잔의 향과 후추에 맛이 어우러져 묘한 느낌을 줍니다. 특히 샐러드에 뿌리는 스페인산 올리브유와 발사믹 식초, 통

  세 번째 식탁: 철학에 윤기를 더하는 양념

후추의 오묘한 조화가 채소와 과일에 스며들 때 그 향기와 맛이 배가됩니다. 후추가 주는 약간 매운맛은 아침의 졸음을 몰아낼 위장의 자극제이기도 합니다. 이런 실험들은 후추를 육식이라는 물신주의의 족쇄를 푸는 작고 소박한 실험이라고 할 수 있습니다. 후추의 고급스러운 향기가 물신성을 강화하는 데 쓰이지 않고, 가난함과 소박함의 양념이 될 수 있도록 만드는 것도 색다른 실험이라고 할 수 있기 때문입니다.

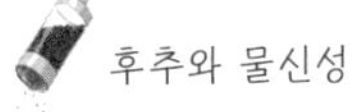 후추와 물신성

설탕과 차별

근대화의 역사, 설탕의 역사

피곤에 지친 오후, 달콤한 음료수 한잔이 간절합니다. 단지 톡 쏘는 맛을 첨가한 설탕물에 불과하지만 음료수는 피곤을 잊게 하며 달콤하고 감미로운 맛으로 기분을 풀어줍니다. 그러나 이 달콤함은 잠시뿐, 설탕에 중독된 우리 몸은 자꾸만 더 단 음식을 찾게 되고 하루가 다르게 뱃살만 늘어가지요. 설탕의 달콤한 유

 세 번째 식탁: 철학에 윤기를 더하는 양념

혹은 전 세계의 음식 문화를 달짝지근하게 바꾸었습니다. 과도한 설탕 섭취로 인한 아이들의 조기 비만 문제는 이제 심각한 사회 문제가 되고 있지요. 설탕에 중독된 아이들의 입맛은 점점 더 보다 자극적인 단맛을 찾게 되어 달지 않은 다른 음식을 차별하게 되었습니다. 옛날에는 단맛이 귀해서 작은 단맛에도 민감하게 반응하곤 했습니다.

단맛의 대명사라고 불리는 설탕이 들어오기 전, 우리나라에는 단맛을 느낄 수 있는 통로는 꿀이나 조청 같은 것밖에 없었습니다. 한국에서 근대화의 과정은 설탕 수입의 역사였지만, 그 역사의 배후에는 이미 제3세계가 있었습니다. 설탕이 역사에 처음으로 등장한 것은 기원전 327년 알렉산더 대왕의 명령으로 인도 원정길에 오른 네아체스 사령관이 "인도에서는 벌의 도움을 받지 않고도 갈내의 줄기에서 꿀을 만들고 있다"라고 놀라서 쓴 것이 처음이었습니다. 이후 이슬람교도들은 설탕을 교역 품목의 일부로 삼아, 각국의 귀족이나 왕들에게 사치품으로 전달했습니다. 십자군전쟁 이후에 설탕이 유럽에 들어오고, 스페인, 포르투갈 등에 의해서 설탕의 대규모 플랜테이션이 식민지에 건설되기 시작했습니다. 식민지 개척의 역사는 설탕 재배의 역사와 정확하게 일치합니다. 설탕의 단맛은 이제까지 세상에 없던 달콤한 유혹을 던져주지만 사실은 엄청난 노예 노동과 식민지화를 대가로 얻어진 것이었습니다. 또한 사탕수수 재배는 지력을 빼앗아가며 농사짓는 단모작이기 때문에 가장 약탈적 농법이 이루어집니다. 사탕수수는 땅을 황폐하게 만듭니다. 그래서 사탕수수 재배지로, 비교적 비옥한 열대 해안 지대인 카리브 해 연안 섬들이 유력했습니다. 사탕수수는 재배나 경작, 분밀, 정제의 과정에서 엄청난 노동력이 필요한 작물입니다. 그래서 흑인 노예들을 데리고 와서 강제로 이러한 일을 시켰습니다. 그래서 트리니다드토바고 독립운동의 지도자였던 에릭 윌리엄스는 "사탕수수가 있는 곳에 노예가 있다"라고 말할 정도였습니다. 지금도 여전히 설탕을 재배하는 제3세계는 사탕수수 재배로 막대한 부를 얻는 것이 아니라, 곡물 재배의 부족으로 기아 상태에 시달리고 최빈국의 대열에서 벗어나지 못하고 있습니다.

동아시아 설탕의 역사를 살펴보면, 중국의 경우 불교의 전파와 설탕의 전파가 함께 이루어집니다. 이에 관심을 가진 당태종이 사탕수수 재배와 정제법을 배워서 중국에서 약재로 사용하게 했습니다. 우리나라에서는 고려 때 송나라를 통해서 설탕이 수입되었으나 크게 음식 문화에 영향을 주지 못하다가 1920년 평양에 제당 공장이 세워지면서 본격적인 설탕 생산과 보급이 시작되었다고 합니다. 한국에서도 근대화의 완성이 사실은 설탕이 민중들의 입맛을 점령하는 과정과 정확히 일치합니다. 우리나라에는 전통적으로 조청을 만들어서 단맛을 통해 원기를 살렸던 음식 문화가 있습니다. 일단 밀에 씨를 틔워 엿기름을 만들고, 그

　　　　　세 번째 식탁: 철학에 윤기를 더하는 양념

엿기름물을 체에 거른 후 된밥을 넣어 푹 끓이면 달디 단 식혜가 됩니다. 이 식혜에서 밥알을 떠내고 다시 졸이면 조청이 되고, 그 조청을 더 끓여 굳혀서 공기 중에 노출시키면 엿이 됩니다. 이처럼 한국의 전통적인 단맛은 식혜, 조청, 엿으로 이어지는 한 편의 맛 퍼레이드로 완성됩니다. 식혜는 특별한 날의 음료수로 언제나 우리의 맛을 사로잡았고, 조청은 부엌 조리용으로 쓰이다 구운 떡에 찍어 먹으면 엄청난 기쁨을 안겨주는 우리 어머니들의 비장의 무기였고, 엿은 아이들이 시장에서 발길을 떼지 못하게 하는 특별한 간식이었습니다. 그러나 이러한 전통적인 단맛은 설탕의 근대화에 의해서 사라져갔고, 그 설탕에 의한 근대화의 원동력은 제3세계를 식민지로 만드는 것의 결과물이었습니다. 여전히 사탕수수 재배가 기아에 시달리는 제3세계 어린이들을 차별하는 다국적 농업 기업에 의해서 이루어집니다.

차별은 증오의 씨앗이다

설탕의 달콤한 맛은 사람들의 미각을 사로잡아 결국 맛을 차별하게 만들고, 그를 위한 대규모 농업은 제3세계에서 기아에 시달리는 사람들을 차별하는 결과를 낳습니다. 차별에 대한 철학적인 사고를 발전시킨 사람은 질 들뢰즈와 펠릭스 가타리입니

다. 그 두 사람은《앙띠 오이디푸스》와《천개의 고원》에서 언어기
호학자 엘름슬레우의 이접disjunction과 연접conjunction으로 이루어
진 두 가지 기호들의 연결 방식에다가 접속connection을 추가해서
세 가지 연결방식에 대한 사유로 발전시킵니다. 이러한 세 가지
연결 방식은 관계 맺기의 방식에 따라 주체가 어떤 영향을 받는
지 해명하기 위한 것입니다. 이에 따르면 접속은 '그리고…… 그리
고…… 그리고'로 연결되는 방식입니다. 접속의 연결 방식은 수평
적이며, 차이 나는 것끼리 접속하여 변화를 일으키는 과정을 의
미합니다. 우리가 다른 사람과 접속할 때 어떤 편견이나 차별을
전제하지 않는다면, '그리고'의 방식으로 서로가 연결되어 꼬리에
꼬리를 무는 색다른 여행과 같은 만남을 만듭니다. 〈접속〉이라는
영화에서 보면 인터넷을 통한 접속의 황홀하고 색다른 체험이 잘
드러나는데, 접속은 쉽게 말해 그런 환상적인 효과마저도 갖고
있습니다. 공동체와 네트워크는 접속을 통해서 이루어져 있습니
다. 그래서 특이한 사람들이 접속을 통해서 그물망처럼 연결되어
시너지 효과를 만들어냅니다. 이러한 접속의 과정을 더 확장한
개념이 들뢰즈와 가타리의 리좀rhizome이라는 복잡계입니다. 리좀
은 고구마, 감자, 개밀과 같이 구근식물이나 덩이 식물들의 뿌리
줄기가 땅 밑에서 '그리고…… 그리고 ……그리고'로 연결 접속되
며 그물망을 형성한 것으로 설명됩니다. 리좀의 이미지를 잘 보여
주는 것이 하이퍼텍스트 형태로 복잡해진 네트워크나 은하 성좌

　　　　　세 번째 식탁: 철학에 윤기를 더하는 양념

와 같이 복잡해진 공동체적 관계망입니다.

접속에서는 차별이나 편견은 일단 작동하지 않습니다. 서로가 다름을 전제로 만나기 때문입니다. 그런데 '이접'이라는 새로운 연결 방식에서는 차별이 발생하게 됩니다. 이접은 "~ 또는 ~"라는 방식의 연결이며, 이 연결 방식에는 두 가지 해석이 있을 수 있습니다. "적이냐? 동지냐?" 혹은 "동성애자냐? 이성애자냐?"라는 분리 차별을 발생시키는 방식과 "동성애자도 이성애자도 (상관하지 않겠다)"는 관용을 발생시키는 방식입니다. 관용(똘레랑스)에 대해서 홍세화 씨의 《나는 빠리의 택시 운전사》를 보고 공감했던 사람들도 많을 것입니다. 그러나 관용은 상호 인정하지만 '나'의 영역은 변용되지 않는 소극적인 태도에 머무는 것입니다. 서로를 이해하거나 인정하는 관용의 수준에서는 '나'를 구성하는 존재 기반조차도 사라지게 하는 사랑의 변용과 의미 좌표의 흔들림이 없습니다. 그래서 보다 적극적인 태도로서 '나'와 '너'의 경계를 허물며 변용되는 '소수자 되기'를 생각해볼 수 있습니다.

이접이라는 연결 방식이 자본주의에서 굉장히 중요해진 이유는 자본주의가 착취를 통해서도 유지되지만 차별을 통해서도 유지되기 때문입니다. 자본주의의 욕망의 정치는 모든 차이 나는 존재들이 수평적이고 민주적으로 연결되는 것을 원하지 않으며, 거기에다가 차별과 위계, 비교와 경쟁이라는 잣대를 들이대기를 원합니다. 이를테면 학력 차별이나 성 차별과 같은 부분은 우리 사회에서 뿌리 깊게 자리 잡은 차별로서, 현행 체제는 그러한 잣대를 통해서 모든 사람을 평가하고 선별하며 위계화하려는 의도를 갖고 있습니다. 앞만 보고 달려가는 맹목적인 성공지상주의와 성장주의의 배후에는 차별과 편견의 잣대가 도사리고 있습니다. 이 차별이 있었을 때만 양적인 계량화가 가능하고, 좀더 좋은 것과 좀더 나쁜 것을 선별하는 상업적 판단도 가능해집니다.

그러한 이접의 위력 속에서 사람들은 접속에 따른 변용 과정을 잃어버리고 체념하게 되면 하나의 정체성이라고 할 수 있는 "나는 ~이다"라는 연접이 등장합니다. 이러한 정체성이 등장하는 배후에는 차별이 숨어 있습니다. 예를 들어 "너는 동성애자냐? 이성애자냐?"라는 분리 차별의 잣대로 판단하게 되면, 남자를 만나서 남자를 사랑하게 될 가능성과 여자를 만나서 여자를 사랑하게 될 가능성 모두를 갖고 있는 사람으로 하여금 "나는 이성애자다"라는 고정관념으로 이루어진 정체성을 형성하게 만듭니다. 즉 횡단과 변용을 일으키는 접속의 부드러움은 차별의 날카로운 시선 앞에서 딱딱한 갑옷을 입은 사람으로 만들어버려 우리가 알고 있는 군인, 학생, 노동자 등으로 만들어내는 것입니다.

들뢰즈와 가타리가 '차별'에 대해서 중요하게 생각했던 이유는 이 사회의 소수자, 사회적 약자, 생명에 대한 차별이 극도로 심각해지고 있었기 때문이었습니다. 이주민-동성애자-장애인-동물-아이 / 노인-광인-비정규직 노동자-여성이라는 계열

   세 번째 식탁: 철학에 윤기를 더하는 양념

로 나타나는 소수자들은 자신이 다르다는 사실만으로도 차별받는 현실 속에서 살아갑니다. 주류 사회는 소수자들이 차별받지 않을 길은 오직 성공하는 것밖에는 없다고 획일적인 잣대를 갖다 댑니다. 여기서 들뢰즈와 가타리는 차별을 넘어서는 방법을 성공주의가 아니라 그 반대 방향인 '소수자 되기'로 말합니다. 소수자 되기는 소수자의 입장에서, 소수자의 편에서, 소수자를 사랑하는 모든 변용의 과정을 지칭합니다. 소수자 되기는 사회적 관용이라는 똘레랑스를 넘어서, 모든 사람이 낮은 곳으로 향하는 사랑을 통해서 세상을 바꾸어야 한다는 메시지를 담고 있습니다.

차별이 어떤 결과를 낳는가를 생각해보면 차별을 넘어선 사랑의 행동이 얼마나 중요한지를 알 수 있습니다. 차별과 배제, 분리 정책은 사실은 사회 암적 요소로 발전할 수 있는 소지가 크며, 그러한 사회 암적 요소는 증오와 폭력으로 차별을 발전시켜 파시즘을 작동시키게 됩니다. 나치의 파시즘이 민주국가에 의해서 격퇴되었다고 안도하는 사람들도 있지만, 사실은 현재의 사회 내부에 깊게 파고들어 똬리를 틀고 있으며 아주 미세한 영역에까지 들어와 있습니다. 물론 인종주의나 소수자에 대한 차별을 거리에서 직접적으로 선동하는 네오파시즘도 있습니다. 이들은 스킨헤드나 나치 문양의 반동적 낭만주의의 정서를 갖고 있는 국가주의자들입니다. 이에 반해 미시파시즘은 우리 사이에 보이지 않는 영역에 스며들어와 작동하고 있는 차별과 배제의 원리를 의

Sugar
20g

미합니다. 가타리는 미시파시즘이 차별의 논리에서 작동하고 있다고 바라보면서, 사회 모든 영역에서 작고 미세한 영역을 통제하기 위해서 자본주의가 선택한 방식이 미시파시즘이라고 봅니다. 지구 남반부 국가와 북반부 국가 사이에서의 차별, 정규직 노동자와 비정규직 노동자 사이에서의 차별, 이성애자와 동성애자 사이에서의 차별, 자국민과 이주민 사이에서의 차별 등은 이미 엄청난 파열음을 내면서 미시파시즘의 작동 원리에 따라 이루어지고 있습니다.

우리나라도 2007년 10월 2일, 법무부는 헌법상 '모든 인간은 평등하다'는 원칙에 의해서 차별 금지법 제정안을 입법 예고하였고, 여기서 차별금지 조항으로 병력病歷, 출신 국가, 출신 민족, 인종, 피부색, 언어, 가족 형태 및 가족 상황, 성적 지향, 학력學歷 등 총 20개가 설정되었습니다. 그러나 기업과 보수 단체, 기독교계의 압력으로 인해 이해 10월 31일에 7개의 차별 사유, 즉 성적 지향, 병력, 가족 형태 및 가족 상황, 언어, 출신 국가, 범죄 및 보호처분 항목을 삭제하여 차별받는 사람을 또 차별하는 모습을 보였습니다. 2010년 다시 차별 금지 법안이 입법 예고되었지만, 구태의 모습에서 한 치도 벗어나지 못한 상황이었습니다. 우리나라의 소수자나 사회적 약자는 차별이라는 강력한 미시파시즘 앞에서 성공주의적 방법 이외에 호소할 수단을 갖지 못하는 상황에 처해 있습니다. 한국의 우익들이 왜 한결같이 차별 금지법에 대해서 반대하는가를 생각해보면 그들이 성공한 1퍼센트를 위한 사회, 약자가 쓰러져도 무시할 수 있는 사회를 꿈꾸고 있음을 알 수 있습니다.

설탕, 그 달콤한 유혹

설탕은 제3세계의 기아에 대해서 눈 감고 차별한다는 점을 앞서 지적했지만, 문제는 이제 본격적으로 시작됩니다. 제3세계에서 수입된 설탕은 비만의 주범이 되는데, 그중에서도 빈민과 같은 하류층에서 비만의 주된 원인이 됩니다. 특히 미국의 한 연구에 따르면 도시빈민 아이들이 정크푸드와 설탕에 중독되어 고도 비만의 상태에 있다고 합니다. 한편에서는 한 끼를 해결할 수 없는 아이들이 있고, 다른 한편에서는 너무 비만한 아이들이 있습니다. 이러한 이율배반적인 모습이 등장하는 이면에는 설탕이 있습니다. 비교적 부유한 북반부 국가에서는 설탕의 소비를 줄이고 설탕의 유혹으로부터 자유로운 보다 다양한 음식을 선호해야 한다는 목소리가 높습니다. 또한 남반부 국가에서는 사탕수수나 커피 등 기호식품을 위한 작물이 아니라 기아로부터 벗어날 수 있는 곡물을 재배해야 한다는 주장이 힘을 얻고 있습니다. 전 세계가 설탕과의 전쟁을 하고 있는 셈입니다. 세계보건기구WTO와

　　　　　　　　세 번째 식탁: 철학에 윤기를 더하는 양념

식량농업기구FAO에서는 설탕류의 섭취를 전체 열량의 10퍼센트로 제한하지 않으면 만성질환의 위험에 수많은 사람들이 노출되어 건강을 해칠 수 있다고 경고하고 있습니다. 우리나라도 하루 권장 섭취량 50그램을 크게 웃도는 100그램 이상의 섭취량을 보입니다. 제3세계 기아의 문제를 해결하고 연대하기 위해서는 설탕의 섭취량을 줄이는 지혜가 필요한 시점입니다.

미국의 많은 연방교육청들이 학교 안에 탄산음료 자판기를 설치하지 못하도록 하는 법안을 추진하고 있고 이미 설치된 자판기도 철거하고 있습니다. 우리 주변에는 설탕이 많이 들어간 탄산 음료 자판기가 너무 많고 아이들은 아무런 생각 없이 이런 음료수를 마시고 있습니다. 우리나라와 같이 학교 내 음료 자판기 철거와 같은 강력한 조치가 어려운 상황에서는 학부모들이 아이들이 마시는 음료의 품목을 결정할 수 있는 제도가 필요합니다.

설탕을 극복하는 것은 근대화의 빛과 그늘에서 벗어나는 것을 의미합니다. 설탕이 만들어놓은 달콤한 세상은 차별과 착취를 기반으로 만든 맛의 허상입니다. 많은 음식들이 설탕을 하나 가득 쏟아 부어놓고 소비자를 유혹하며 벗어날 수 없는 사슬을 만들려고 합니다. 그 사슬은 어느 누구에게도 좋은 결과를 가져다 줄 수 없습니다. 그렇다고 해서 설탕을 안 먹기는 힘듭니다. 그러나 설탕 섭취를 되도록 줄이되 먹더라도 공정무역에 의해 수입된 설탕을 먹는 것은 어떨까요? 다국적 기업에 의해서 대량생산된 설탕이 노동자를 착취하고 제3세계 기아를 차별하는 가슴 아픈 현장이 줄어들 수 있는 방법은 우리들의 작은 실천에서 비롯되지 않을까요? 설탕의 달콤한 유혹은 텔레비전이 던져주는 달콤한 중독과 같은 상태를 음식에서 만들어내며, 그러한 맛의 유혹에 너무나 많은 사람들이 사로잡혀 있습니다. 조금 까다롭다고 생각되더라도 되도록 건강에 좋고 세계 평화에도 기여할 수 있는 음식 문화를 만드는 것이 필요합니다. 설탕 문화를 극복하는 것은 맛의 차별과 지구적·사회적 차별을 극복하는 하나의 작은 실천입니다.

참기름과 지층화

향미와 풍미의 조미료, 참기름

비빔밥이나 나물무침에 빠져서는 안 되는 것이 있습니다. 바로 참기름입니다. 참기름은 그 존재 자체로 음식의 향미와 풍미를 더해줍니다. 참기름 한 방울이 얇은 막을 형성하여 지층을 나누듯이 감싸면 그 맛과 향기는 더할 수 없이 그윽해지지요. 고소한 냄새에서부터가 침샘을 강하게 자극합니다. 어릴 적 어머니께

서 해주신 나물무침의 맛을 기억한다면 참기름 한 방울의 엄청
난 위력에 대해서 실감할 수 있을 것입니다. 미역국에 들어간 참
기름 한 방울은 고기를 넣지 않아도 깊은 맛을 만들어냅니다. 참
기름은 음식의 마지막 마침표와 같습니다. 그냥 마침표가 아닙니
다. 음식에 번져 색다른 수준의 음식을 만들어내는 화룡점정입
니다.

　참기름은 구월과 시월에 수확한 참깨를 프라이팬에 살짝 볶
아서 고소하게 만든 다음 그것을 압착기에 넣고 짜내서 만든 기
름입니다. 이렇게 짜낸 참기름은 약간 반투명한 갈색을 띱니다.
참기름은 동아시아 국가에서 특히 한국에서 가장 고급스러운 기
름으로 애용되고 있습니다. 자칫 밋밋할 수 있는 한국의 채식 나
물류에 참기름이 들어감으로써 독특한 맛이 살아납니다. 또한
음식의 맛을 고소한 풍미와 향미로도 느낄 수 있게 한다는 점에
서 오감을 만족시키는 음식 문화를 만드는 데 참기름이 톡톡히
역할을 해왔다고 할 수 있습니다. 뿐만 아니라 참기름은 건강에
도 좋습니다. 동물성 유지에는 갖가지 불포화지방이 많이 들어
있기 때문에 콜레스테롤 수치를 높여 혈관이 막히는 동맥질환의
원인이 되지만, 참기름에는 오히려 콜레스테롤을 억제하는 리놀
레산이 45퍼센트 함유되어 있습니다. 뿐만 아니라 참기름에 포함
된 불포화지방산은 올레인산과 같이 혈관을 막는 저밀도 콜레스
테롤이 아니라, 몸에 좋은 고밀도 콜레스테롤이 40퍼센트나 들

　　　　　　　　세 번째 식탁: 철학에 윤기를 더하는 양념

어가 있다고 합니다.

어릴 적에는 참기름하면 떠오르는 것이 송편에 발라진 참기름의 고소한 맛이었습니다. 그리고 송편을 먹으면서 '해님 달님 이야기'를 읽었던 기억이 어렴풋이 납니다. 이 이야기에 따르면 호랑이를 피해 도망간 오누이가 나무에 올라가고, 어떻게 올라갔는지 방법을 묻는 호랑이에게 오빠가 참기름을 발라서 올라왔다고 거짓말을 하여 미끄러지게 했다고 합니다. 〈여우누이전〉에도 참기름이 나오는데, 여우인 누이가 외양간에 가서 손에 참기름을 바르고 소 똥구멍에 쑥 집어넣어 간을 빼먹었다는 구절도 나옵니다. 이 전래동화들을 살펴보면 미끄러움에 대한 생각이 옛날 사람들에게는 참기름으로 통했다는 것을 알 수 있습니다.

낮은 곳으로 향하는 횡단의 움직임

참기름은 물과 기름의 분리처럼 단 한 방울만으로도 지층을 만들어냅니다. 또한 맛의 지층까지도 결정할 정도로 중요한 조미료임에는 분명합니다. 지층학적 사고방식을 처음으로 생각한 사람은 칼 마르크스였습니다. 마르크스는 계급 개념을 통해서 우리 사회가 마치 물과 기름처럼 나누어진 지층이 있다고 말합니다. 이러한 계급에 대한 시선은 계층론과 성격을 달리하는 것이

어서 흥미를 끕니다. 이러한 지층학에 대한 새로운 시선은 우리 사회의 표면이 아니라 심장부에서 벌어지고 있는 일들이 사실상 계급 지층 간의 역학 관계라는 생각을 품게 했습니다. 마르크스에 따르면 경제적인 생산 관계는 정치사회적인 계급 관계로 나타납니다. 자본가와 노동자 간의 계급 지층 간의 관계로 세상을 보기 시작하자 여러 가지 사회현상들이 설명될 수 있습니다. 이후 안토니오 네그리의 《지배와 사보타지》라는 책은 노동 과정의 변화가 어떻게 노동자 계급을 바꾸었는지를 설명하면서 지층에 관련된 사고를 발전시켰습니다.

이러한 네그리의 계급구성론의 시각은, 계급이라는 지층은 다른 지층과 연결되어 있어서 자신의 지층의 변화가 거기에 연접해 있는 다른 지층의 배치 변화를 초래해서 색다른 역학 관계를 구축할 수 있다는 생각에 기반한 것이었습니다. 이 책은 계급투쟁이 아니라 계급의 내부 변화가 사회 변화를 이끌고 촉진한다는 생각을 담고 있어서 신선한 매력을 줍니다. 마치 조리된 음식의 변화를 참기름 한 방울이 만들어내는 기름 지층이 이끌 수 있듯이, 안토니오 네그리는 지층에 의해서 어떤 모종의 변화가 가능하다는 낙관적인 생각을 펼치고 있습니다.

네그리에 따르면, 숙련 노동자가 반숙련 노동자에 대해서 권위와 위계의 입장에서 관계했던 전문가 노동자professional labor시대는 레닌주의와 테일러리즘으로 대표되는 시대였습니다. 이 구절

   세 번째 식탁: 철학에 윤기를 더하는 양념

은 도제와 장인의 권위가 잔존했던 시기를 떠올려보면 이해하기 쉽습니다. 이후 자본가들은 노동자의 권력에 대한 저항으로 숙련의 권위를 잠식할 수 있는 기계화를 진행했고 이에 따라 숙련노동자가 퇴조하고 탈숙련 노동자들이 등장하면서 대량생산·대량소비의 포디즘이 전반화됩니다. 당시 노동자들의 요구는 임금인상이었으며, 이 시기를 대중 노동자mass labor시대라고 일컫습니다. 우리나라로 치자면 1980년대 상황에 딱 맞아 떨어지는 상황입니다. 컨베이어 벨트에 의한 대량생산과 미디어에 의한 대량소비 사회였던 1980년대 노동자들의 임금 투쟁에 비추어보면 쉽게 이해할 수 있습니다. 마지막으로 대중 노동자들의 저항에 부딪힌 자본가 계급은 노동 현장을 해체하기 위해서 사회적 현장과 매개할 수 있는 방법을 연구합니다. 그들은 컴퓨터와 자동기계를 매개로 사회 전반을 포함하여 유연한 생산을 이루려 했고, 이를 비정규직 노동자가 등장하는 단계의 포스트 포디즘 체계라고 부릅니다. 네그리는 이 시기를 사회적 노동자social labor시대로 정의합니다. 이 시기는 90년대 이후 한국사회에서 진행되었고 전체 노동자의 절반이 넘는 비정규직화의 상황을 생각하게 됩니다.

이후 탈근대 자본주의 사회에서 사회 지층은 다변화되었고, 다양한 세대, 지역, 문화, 학력 등의 다양한 변수에 의해서 새로운 사회 지층이 형성되었습니다. 마르크스의 계급론은 한 사회에 통용될 수 있는 것이었지만, 21세기 다국적 기업과 초국적 자본이 있는 현 시점에서는 계급만으로 모든 것을 설명할 수 없게 되었습니다. 현재 다국적 기업과 초국적 자본은 국가나 주권, 계급보다 더 권력과 결정권을 갖고 있습니다. 위계와 지층은 선진국 부유층에서 제3세계 빈민까지 망라됩니다. 또한 사회 지층이 세분화되면서 계급이라는 지층 자체가 움직여서 습곡화되고 융기되고 단층화된다는 방식으로 설명했던 것으로는, 미시적인 공간에서 주체성이 어떻게 만들어지는지에 대한 역동적인 이미지를 그려낼 수 없게 되는 상황이 벌어집니다. 이런 탈근대 자본주의에 대한 문제의식을 갖고 있었던 때, 안토니오 네그리도 《제국》이라는 책에서 사회 지층학적인 설명 방식을 버리고 있습니다. 그는 이 책에서 다중multitude라는 개념을 제시하는데, 다중은 제국이라는 초월적 권력 내부에 있는 내재성의 표현입니다. 내재성과 초월성의 구분은 스피노자의 이론적 구도에서 핵심을 차지합니다.

네그리 역시도 스피노자를 받아들이면서 권력이 아닌 민중의 역능, 초월성이 아닌 내재성의 구성 원리에 주목했습니다. 그러나 네그리가 다중이라는 개념을 등장시켜 스피노자주의를 전면화하지만, 다양하고 특이한 흐름을 포착하는 미시적인 날카로움보다는 거시적인 이미지 속에서 스피노자 철학을 도구로 삼아 오늘날 생성되는 주체성들의 정체를 규명하는 데 급급하다는 인상을 줍니다. 다중이 제국 내부에서 제국을 변형하는 아래로부터의 역능의 원동력이라는 이야기를 읽다 보면 아주 미세한 영역

　　　세 번째 식탁: 철학에 윤기를 더하는 양념

에서 벌어지는 특이한 흐름의 정체가 다중이었다고 해명되는 듯한 느낌을 받기 때입니다. 초기에 네그리는 사회 지층학적 분석을 큰 틀을 여전히 유지할 수 있도록 다소 큰 그림을 그리고 있습니다. 그리고 미시적인 흐름을 설명하는 데 다소 예언가적인 능력을 동원합니다.

통합된 세계자본주의는 미세한 일상의 영역에서부터 세계 시장까지 연결된 일관 생산 라인을 만들었습니다. 우리는 유연화, 전지구화, 정보화 등을 거치면서 극소 미세 기술에 의해서 아주 세밀한 개인의 취향이나 개성 등도 시시콜콜히 개입하고 있는 미시권력과 대면하게 되었습니다. 지층에 대한 낭만에 사로잡히기에는 시대가 많이 변해버렸습니다. 한때 계급이라는 지층의 역동적인 에너지에 착안했던 사람들이 많았지만, 이제는 지층 자체가 그것을 움직이는 것이 아니라 그것 사이를 횡단하며 탈지층화하고 있는 미세한 균열과 미시정치의 움직임에 주목하게 됩니다. 이러한 색다른 문제의식은 네그리와도 절친했던 펠릭스 가타리가 제기한 내용입니다. 그는 계급이라는 지층 자체보다 탈지층화하며 횡단하는 사회운동에 대해서 더 포인트를 맞추고 있습니다. 그는 사회 지층의 분할을 계급이 아니라 다수자와 소수자 간의 분열로 설명하고 있는 것입니다. 다수자는 정상인-성인-남성-자국민-비장애인-이성애자라는 지층에 속하고, 소수자는 광인-아이, 노인-여성-이주민-장애인-동성애자라는 지층에 속합니다.

 세 번째 식탁: 철학에 윤기를 더하는 양념

가타리는 소수자 되기를 통해서 탈지층화하는 횡단하는 움직임을 설명합니다. 이러한 소수자 되기는 자신이 속한 지층으로부터 벗어나 소수자에게 귀 기울이고 변용함으로써 사회적 배치를 바꾸어내는 원동력이 됩니다.

물론 탈지층화의 움직임 중에는 소수자 되기만 있는 것은 아닙니다. 노마디즘과 같이 외부를 향해 탈주하여 자신에게 주어진 환경으로부터 벗어나는 행동 방식도 있습니다. 그러나 소수자 되기는 소수자의 특이한 지층과 접속하여 자신의 고정관념에서 벗어나 색다른 세상과 만날 수 있는 가장 중요한 횡단의 흐름이라고 할 수 있습니다. 미디어에서 엿보이는 탈지층화에 대한 일반적인 생각은 대부분 성공주의와 승리주의로 디자인되어 있습니다. 그래서 자신의 지층으로부터 벗어나 신데렐라와 같이 성공할 수 있는 기회와 요행을 바리는 기회주의가 사회 전반에 만연해 있습니다. 가타리는 반대로 가장 낮은 곳으로 향하는 근본적인 사랑의 정신을 부활시킵니다. 지층이 분리되어 있다는 것을 인식하고 상위 지층으로 향하는 것이 중요한 것이 아니라, 밑바닥에서 살아가고 있는 존재들과 조우하여 세상을 재창조하는 사랑의 행동에 나서는 것이 중요합니다.

지층화 분석은 탈지층화로 나아가기 위한 전제 조건이지만 거기에 머물러서는 안 됩니다. 대부분의 사회 지층 분석은 실천적인 명제가 아니라, 분석을 위한 도구로 머물러 있습니다. 가장 객관적으로 사회 지층 분석을 한다는 현재의 아카데미의 문제점은 스스로가 지식 권력의 위계와 지층을 벗어나지 못하면서도 사회 지층으로부터 초월적이고 객관적일 수 있다고 주장한다는 점입니다. 엘리트의 관념 속에서만 탈지층화가 가능한 것이 아니라, 횡단하며 이행하는 구체적인 실천 속에서만 탈지층화가 가능할 뿐입니다. 가타리의 탈지층화라는 개념과 횡단의 개념은 지층 내부의 균열로도 나타날 수 있지만, 지층 자체의 습곡, 융기, 단층 작용이 아닌 자유롭게 횡단하는 주체성에 대해서도 알려줍니다. 1980년대 486세대에게는 낮은 곳으로 향하는 현장에 대한 정신이 있었습니다. 동시에 그것을 과학적으로 분석하는 치열함도 있었습니다. 그러나 세월이 흐르면서 이 과학적 사고가 지식권력이나 미시권력에 의해서 포획되고 제도화되었으며, 현장으로 향하는 정신은 실종되고 있습니다. 지층을 넘나들며 유영하고 횡단하는 자유로운 사고를 전개하기 위해서는 우리가 갖고 있는 사회 지층에 대한 고정관념에 맞서야 합니다. '노동자는 노동자다 / 살아 움직이며 실천하는 / 진짜 노동자'라는 노래를 의심해야 합니다. 이제 노동자는 노동자여서는 안 되며 노동과 사회 현장, 여성과의 관계 등을 횡단하는 주체성이어야 합니다. 이를 통해서 미시적인 영역으로 숨어들어온 권력으로부터 자유로워져야 하며, 사랑과 욕망의 미세한 역능에 기반한 미시정치에 뛰어들어야 합니다.

 세 번째 식탁: 철학에 윤기를 더하는 양념

참기름 한 방울이 세상을 바꾼다

중국의 참기름 짜기에 대한 기록은 550년경의 《제민요술齊民要術》이 처음이라고 합니다. 참깨가 들어와서 식물성 기름이 생긴 것이 이때서야 가능했으며, 기름 유油자가 생긴 것도 이때였다는 것을 알 수 있습니다. 참기름이 우리나라에 도입되면서 서민들에게까지 대중화되었지만 워낙 귀해서 참기름의 거래는 마치 귀금속의 거래처럼 소량으로만 이루어졌습니다. 사람들은 대부분 직접 참깨를 사서 방앗간에서 참기름을 짜서 아주 작은 병에 담아 음식에 한두 방울 정도 금가루를 뿌리듯 아껴서 사용했습니다. 요즘도 국산 참기름은 귀합니다. 명절 때가 되면 너도나도 선물 꾸러미를 바리바리 싸들고 고향으로 내려갑니다. 그리고 가족들과 명절을 풍족하게 보낸 다음 아쉬운 마음으로 도시로 돌아올 때, 보따리 속에 아마 열에 아홉은 참기름 병 하나씩 들어 있게 마련입니다. 도시에 사는 사람들에게는 어머니가 짜주신 참기름 냄새만큼 고향의 향취를 진하게 느끼게 하는 소재도 아마 없을 것입니다.

참기름은 전통적인 향미와 풍미를 갖고 있을 뿐만 아니라, 참깨처럼 지혜롭고 건강하고 구수한 서민들의 음식 문화를 보여주는 것입니다. 참기름이 지층을 나눈다고 해서 맛을 차별하거나 귀족적인 조미료로 생각하면 오산입니다. 서민들이 어려운 환경

속에서도 서로 나눠먹었던, 진한 정의 향기가 그 속에 배어 있기 때문입니다. 옛날에도 참기름이 귀했지만 지금도 진짜 참기름이 정말 귀한 상황입니다. 뉴스를 보면 가짜 참기름에 대한 이야기가 하도 많이 나와서 어떤 것이 진짜인지조차도 의심스러운 상황이 되었습니다. 참기름의 향기를 흉내 낸 인공 첨가물과 색소 등이 첨가된 옥수수기름이 곳곳에서 유통되고 있습니다. 이런 음식재료들은 방앗간에 소중히 바리바리 참깨를 싸들고 갔던 어머니들의 구수한 향기를 잃어버린 현실을 잘 보여줍니다. 참기름의 향미와 풍미를 느낄 수 없는 시대가 정말로 각박하게 느껴집니다.

참기름은 맛의 지층을 나누지만 맛의 차별이 아니라 맛의 고유함을 더 살려주는 음식입니다. 하나의 지층이 제대로 맛을 냈을 때 다른 지층의 배치에 변화를 주어 색다른 맛을 선사하게 됩니다. 사회 지층으로 응고되어 정상화된 자본주의 사회는 지층의 역동적인 움직임을 가로막고 있으며, 억압은 더 미세해졌습니다. 예전에 계급이라는 사회 지층이 역동적이었던 시절에는 하나의 사회 지층이 갖고 있는 문화에 대한 향유가 상당히 중요했습니다. 이른바 계급 문화나 민중 문화와 같은 부분입니다. 그때는 지층으로서의 계급 내부의 역동적인 움직임과 변화가 다른 지층인 계급에 모종의 영향을 줄 것이라는 생각이 대부분이었지만, 지금은 어떻게 지층과 지층 사이를 횡단하는가가 더 문제일 것입

　세 번째 식탁: 철학에 윤기를 더하는 양념

니다. 참기름은 한 방울로도 변화의 지층을 형성할 수 있었습니다. 시간이 지나 이 변화의 지층마저도 응고된다면 지층을 횡단하는 색다른 전략을 가질 것입니다.

계피와 횡단성

계피의 청량하고 매운 향미

인터넷 서핑과 같은 일상적 횡단이나 자신의 경계를 허무는 횡단
이 주는 신선함을 맛으로 표현해보라면, 저는 계피의 청량한 향
과 맛으로 비유하고 싶습니다. 계피의 청량하고 달면서도 약간
매운 향이 어느 한 군데에만 머무는 것이 아니라 다양한 영역을
횡단하고 있다는 느낌을 주기 때문이지요. 또한 계피 자체가 조

미료로 쓰이면서도 약재로 쓰이기 때문에, 약과 음식을 횡단해 있다고 할 수 있습니다.

계핏가루는 상록교목인 계피나무의 껍질을 말려서 갈아 만든 것입니다. 계피는 서양요리에서 시나몬이라는 이름으로 불립니다. 향긋한 시나몬 케이크도 많은 이들에게 아련한 향수를 불러일으키는 음식 중 하나이지요. 일본 영화 〈카모메 식당〉에서는 핀란드에 식당을 차린 일본 여성들이 핀란드 손님들과 감정적인 교류를 하게 되는 매개체로서 갓 구운 시나몬롤이 등장합니다. 핀란드에서는 일종의 가정식 백반 같은 의미라고나 할까요. 우리나라에도 그런 추억의 매개체로서 계피맛 사탕을 꼽을 수 있습니다. 어릴 때 계피맛 사탕을 한번쯤 먹어본 기억이 있을 겁니다. 계피 향이 매워서 계피맛 사탕만 밀어내고 다른 달콤한 사탕을 먹곤 했던 그런 기억 말입니다. 계피 향은 그렇게 진한 향수의 이름이기도 합니다. 계피는 커피와도 궁합이 잘 맞아서, 커피 거품 위에 흩어진 계피가루의 향은 커피의 맛을 격상시켜주지요. 계피나무 껍질을 말려서 만든 시나몬 머들러로 커피를 두어 번 저어주기만 해도 완전히 다른 맛이 납니다. 계피와 커피가 어우러져 만든 독특한 향기가 아침을 특별하게 만들어주지요.

계피는 향신료이면서도 약재이고, 차로 쓰이기도 합니다. 평소 가정에서 빵, 떡 등에 넣는 조미료로 쓰다가도 가벼운 감기에 걸렸을 때 계피와 생강을 넣고 끓여 마시면 치료의 효능을 볼

수 있기 때문에, 음식 재료이면서도 가정 상비 한방약재로 사용
될 수 있습니다. 이처럼 계피는 다양한 효능과 맛으로 인해 어디
에다 붙여도 되는 횡단성의 음식입니다. 한약재에서 자주 쓰이는
순서대로 봤을 때 약재 중에 감초 다음으로 많이 쓰이는 약재가
바로 이 계피입니다. 허준은《동의보감》에서 계피를 몹시 열이 많
이 나고, 달고, 매우며, 독이 있는 것으로 속을 따뜻하게 하고, 혈
맥의 순환을 도우며, 간, 폐 등의 내장 기관의 기를 활성화시킨다
고 소개하고 있습니다. 한방에서는 계피의 대표적인 효능으로 소
화 촉진과 위궤양 예방, 충치 예방, 살충 작용, 감기 예방, 수족 냉
증, 장수 등으로 꼽고 있지요. 서양에서는 계피를 빵, 차 등에 넣
었는데, 청량감과 단맛으로 인해 사랑의 징표로 쓰였습니다. 사
랑의 달콤함과 청량함이 계피의 맛과 같다는 의미입니다.

이러한 계피 특유의 매우면서도 달고 톡 쏘는 듯한 맛과 향
을 결정하는 것은 계피에 1퍼센트 정도 들어가 있는 휘발성 정유
성분입니다. 이 휘발성 정유 성분은 펠란드렌Phellandrene, 유게놀
Eugenal, 메칠유게놀Methyleugual 등으로 계피의 약재 성분을 거의
다 이들이 결정한다고 할 수 있습니다. 계피를 열성으로 만들고
다양한 효능을 갖게 하는 것은 천연 휘발성 정유 성분이 몸을 보
호하고, 몸에 활력과 열기를 내도록 돕기 때문입니다.

점심 식사를 마치고, 시원한 수정과 한잔을 마시면 독특한
향미가 입안을 감돕니다. 청량하고도 달달하고, 한편으로는 계피

   세 번째 식탁: 철학에 윤기를 더하는 양념

의 매콤하면서도 톡 쏘는 향과 맛이 입안에서 감돌지요. 식후에 이완됐던 기분이 자극되면서 다시 오후를 시작할 수 있는 활력이 재충전됩니다. 계피의 향기는 제법 고급스럽기까지 해서 마치 이국적인 세계와의 접속처럼 느껴질 때가 많습니다. 그리고 묘한 한약재의 느낌은 건강까지 챙길 수 있다는 뿌듯함을 줍니다. 예전에는 제사나 명절 같은 특별한 날이 되면 수정과가 반드시 등장했지요. 설날이나 추석 때 밖에서 뛰어놀다 오면 어머니는 차가운 수정과를 내미셨습니다. 단맛이 빈곤했던 시절에 수정과가 주는 달디 단맛도 매력적이었지만, 명절 때만 즐길 수 있는 독특한 향미에 취해 벌컥벌컥 마시면서 곶감을 건져 먹기도 했지요. 약재에서부터 디저트까지, 구세대에서 신세대에 이르기까지 다양한 영역을 자유롭게 횡단하는 계피만한 것이 또 있을까요?

횡단성이 자율의 척도이다

횡단성transversalité이라는 개념을 처음 창안해낸 사람은 펠릭스 가타리입니다. 가타리는 들뢰즈와 이론적인 작업을 하기 전부터 심리 치료사로 정신 치료의 임상 현장에서 활동하고 있었습니다. 그가 횡단성 개념을 발견한 것은 정신질환자들의 치유 과정을 묘사하기 위해서였습니다. 그가 활동했던 정신병원은 수직적

인 축이라고 할 수 있는 의사-간호사-환자의 위계가 있었고, 수
평적인 축이라고 할 수 있는 환자들의 침상이나 방들이 있었습니
다. 가타리는 정신병원에서 수직 축과 수평 축 사이를 자유롭게
넘나들 수 있는 중간 사선에서 이루어지는 자유로운 활동 영역
을 횡단성이라고 부르게 됩니다. 생각해보면 집단에서 수평적인
관계와 수직적인 관계가 교차하고 있고, 집단이나 개인이 자율적
인 행동에 나설 때 수직과 수평 그 중간 어딘가의 행동 양식을
따르는 것을 느낄 수 있을 것입니다.

　　정신질환자가 아니라 보통 사람들도 여러 가지 경계를 횡단
하면서 살아갑니다. 가족에서 아버지로, 직장에서 회사원으로,
학교에서 학생으로, 경기장에서는 관람객으로, 병원에서 환자로
끊임없이 이행하고 변이되어 갑니다. 아주 이질적인 영역이라도
사람들은 가로지르는 횡단의 행동 양식을 통해서 적응하려고 합
니다. 또한 회사에 있더라도 메신저를 통해서 가족과 친구들과
대화하면서 탈경계적 횡단을 감행하는 사람들도 많을 것입니다.
저 역시도 인터넷 공간에서 다양한 영역을 접속하고 횡단합니다.
오늘날 인터넷 서핑의 속도는 생각의 속도라고 불릴 만큼 중요해
졌습니다. 빠른 시간 동안 다양한 접촉 경계면을 형성하는 것이
횡단이 주는 재미입니다. 인터넷 서핑의 재미는 인터넷이 처음 시
작되었을 때 선풍적인 인기를 몰고 왔습니다. 보통 하나의 영역
에 시선이나 관심이 머무는 정주적 사유에 익숙했던 사람들은

　　　　　세 번째 식탁: 철학에 윤기를 더하는 양념

인터넷 서핑이 주는 횡단적이고 유목적 사유를 통해 새로운 사유의 지평과 접속했습니다. 이제 오랜 시간 동안 반추하고 생각하면서 긴 기억을 만드는 것이 중요한 것이 아니라 짧은 기억 속에서 빠르게 움직이고 가로지르는 것이 중요해졌습니다.

근대가 시작되자 막스 베버가 언급했던 경계가 분명하고 합리화된 기능 분화가 이루어졌습니다. 일종의 기능 이성에 따라 각자가 기능적 역할에 충실하면 된다는 생각이 탄생하게 된 것입니다. 여기서 '타이타닉 호의 역설'이 발생합니다. 타이타닉 호가 빙산에 부딪치려는 순간에도 그 배에 있던 요리사는 요리를 하고, 악사는 악기를 연주하고, 가수는 노래를 하는 등 각자의 기능에만 충실하다면 자신이 직면한 문제 해결법을 찾을 수 없게 됩니다. 그래서 그러한 각각의 경계를 가로 지르고 네트워킹할 수 있는 횡단직 사유가 중요해졌습니다. 회사의 사장은 기능 분화된 영역을 탈경계화하여 시너지 효과를 갖는 것에 관심이 많습니다. 그래서 어떤 시기가 되면 과장, 부장, 차장, 대리 등의 위계적 직급의 상태를 해체시키고 뒤섞어서, 팀 단위로 프로젝트를 진행하기도 합니다. 이때 수직 축이 와해되고 수평 축이 형성되면서 각 기능적 영역들 사이에서 횡단성이 형성됩니다. 물론 엄밀한 의미의 횡단성 개념은 아닐 지라도, 지금도 네트워크의 창조적인 힘과 혁신적인 역할에 착안하는 이러한 기업 문화의 변화는 도처에서 이루어지고 실험되고 있습니다.

File Edit View Go
Options Window Help
Tab
Caps Lock
Shift
Fn Ctrl Alt
F1 F2 F3
F8 F9 F10 F11 F12
Enter

가타리가 활동하던 시대에는 네트워크 개념이 아직 존재하지 않았으며, 인터넷도 거의 사용되지 않던 시기였습니다. 그러나 가타리는 자율적이고 주체적인 집단의 행동 양식과 예속된 집단의 행동 양식을 비교하면서, 이 두 집단 간의 행동 양식의 차이는 '횡단하며 이행하고 변이되는가?' 아니면 '터부와 관습, 위계에 의해서 움직이는가?'에 달려 있음을 알게 됩니다. 그래서 집단의 자율성을 판단하기 위해서 '횡단성 계수'라는 다소 어려운 개념도 만들어냅니다. 이 횡단성 계수는 집단이 얼마나 자율적이고 창조적인 능력을 갖고 있는지를 판단하기 위한 것입니다. 야생마를 훈련시킬 때 먼저 야생적인 힘을 무력화하기 위해 온몸을 묶고 가혹하게 결박하고 눈을 가립니다. 그러다가 그러한 속박된 상태에 이르게 만든 끈을 조금씩 풀어주고 눈 조리개를 조금씩 열어줍니다. 그렇게 되면 야생성은 눈 조리개와 같은 조절 장치에 의해서 점차 자유로워지면서도 시야가 넓어지는 상황에서도 훈련된 말이 될 수 있는 것입니다. 이러한 눈 조리개가 횡단성 계수라고 가타리는 규정합니다. 횡단성 계수는 맹목성 계수의 반대 의미를 갖고 있으며, 맹목적인가 횡단적인가를 가늠하는 척도입니다. 어떤 집단이 맹목적으로 나아가려고 하는 모습을 보이는 상황은, 이 집단이 일정한 속박과 예속, 터부에 의해서 자신의 기능적인 경계를 넘어서서 가로지르기를 못하는 부자연스러운 상황에 처한 것을 의미합니다. 이때 횡단과 탈경계를 감

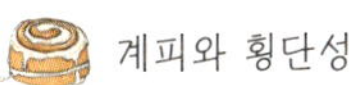

행할 수 있도록 외부 세계나 배치와 같은 다른 영역을 개방하여 색다른 행동 양식으로 나아가게끔 할 필요성이 존재하게 됩니다. 사실 정신질환자에 대한 치료 과정의 비밀은 여기에 있는 것이지요. 일단 약물치료는 정신질환자의 욕망을 무력화합니다. 그런 다음 점차 말의 눈 조리개를 여는 것처럼 행동을 자유롭게 만듭니다. 이러한 과정에 따라 정신질환자들이 갖고 있던 뻣뻣하고 폐색되며 협착되어 있던 부자연스러운 생각과 행동은 점차로 자유롭게 횡단하고 이행할 수 있게 되는 것입니다.

가타리의 횡단성은 쇼펜하우어의 우화에서 나오는 고슴도치의 역설적인 상황으로 묘사되기도 합니다. "살을 에는 듯한 어느 겨울날, 일단의 고슴도치들이 추위를 견디고자 서로 몸을 껴안아 따듯하게 하려고 했습니다. 그러나 자신들의 가시가 서로를 찔러서 너무 아파 고슴도치들은 곧 다시 흩어졌습니다. 그러나 추위는 계속되었기 때문에 고슴도치들은 다시 가까이 모였고 다시 한 번 찔려서 아프다는 것을 알았습니다. 고슴도치들이 추위와 가시로 인한 아픔에서 자신들을 보호하기 위한 아주 적당한 거리를 발견하기까지 이렇게 모이고 흩어지는 일이 계속되었습니다." 고슴도치가 적당한 거리에서 춥지도 않고 찔리지도 않게 되듯이 횡단성은 거리를 조절하여 자신의 위치를 결정하는 것이기도 합니다. 모든 직장, 학교 등의 새내기들은 자신의 위치를 결정해 횡단성을 갖는 것을 모르기 때문에 좌충우돌하는 모습을 보

     세 번째 식탁: 철학에 윤기를 더하는 양념

입니다. 그러나 서로의 연결의 끈이 끊기지 않게 적당한 거리를 취하는 것을 체득하는 것은 사회생활의 기본이며 그것은 또한 횡단성을 의미합니다.

횡단하는 것이 왜 중요할까?

아이들은 최초의 놀이에서 끊임없이 다른 놀이로 횡단하며 이행합니다. 처음에 코끼리 코 놀이를 했다면 어느새 술래잡기를 하고 있고, 또 어느 틈엔가 얼음땡 놀이로 횡단하며 이행합니다. 또한 놀이 과정에서도 자유롭게 놀이 규칙을 바꾸고 새로운 놀이 규칙을 만듭니다. 이러한 놀이에서의 횡단과 이행의 과정은 주체성 생산 과정의 비밀을 보여주는 것이기도 합니다. 어른들은 아이들 각각을 주인공으로 만들어주는 공부, 스포츠, 예술 등을 하게 독려합니다. 그러나 놀이에서는 각자의 역할을 할당받으며 '개똥이, 나, 너, 그'라는 책임 있는 주인공이 아니라 횡단하는 집단의 흐름 속에 몸을 맡긴 나도 아니고, 너도 아닌 다소 모호한 '어느 누군가'라는 사이 주체성으로 아이들을 만들어냅니다. "커서 의사가 될 거야, 커서 선생님이 될 거야" 하는 방식으로 어떤 하나의 목표에 종속되어 횡단하고 이행하는 것을 멈추는 것이 아이들을 책임 주체나 주인공으로 만드는 과정이라면, 집단 속에서 사람들 사이에서 자유롭고 평등하게 창조하고 횡단하는 것이 놀이라고 할 수 있겠습니다. 현재 자본주의는 놀이를 체제 내로 흡수하여 아이들의 횡단하고 이행하는 능력을 봉쇄하고자 합니다. 예를 들어 운, 경쟁, 어지러움, 모방과 같은 구성 요소들이 어우러져 있는 놀이를 점차 운은 도박으로, 경쟁은 스포츠로, 어지러움은 놀이동산으로, 모방은 연극으로 분화시켜 제도화했습니다. 아이들의 놀이에 대한 분석에서 중요하게 떠오르는 것은 횡단하는 능력은 한번 정해진 틀과 규칙을 고정시키는 것이 아니라, 끊임없이 새로운 규칙을 창안하는 과정과 긴밀한 연관을 갖는다는 점입니다. 아이들에게 나타나는 횡단의 능력은 신비롭기까지 하며, 삶과 죽음조차도 횡단해 있습니다. 예를 들어 놀이에서 죽었다는 것은 슬퍼해야 할 것도 아니며 살았다와 죽었다가 교차되면서 아이들은 즐거워합니다. 또한 아이들의 놀이는 금기마저도 넘어섭니다. 아이들에게 금기는 단지 놀이에서 밟으면 지게 되는 ‘금’이라는 일종의 약속에 불과한 것이지, 지배 명령의 질서가 아닙니다.

대학생과 농부 사이를 횡단하며 새로운 주체성을 만들어내는 ‘레알텃밭학교’도 횡단하는 집단의 속에 새로운 주체성을 만든 사례입니다. 이들은 대학의 공간에서 도시 텃밭에 대한 강의를 개설하였고, 대학의 공터를 개간하여 배추와 무, 상추 등을 심었습니다. 그런가 하면 이화여자대학교에서 텃밭 활동을 하고 있는

'스푼걸스'라는 대학생 그룹은 학교 공터를 밭으로 개간하는 데 호미나 삽이 없어서 가지고 있던 숟가락으로 땅을 팠다고 합니다. 여기서 숟가락은 밥 먹는 도구에서 돌연 땅을 일구는 도구로서 그 의미를 횡단합니다. 횡단하는 집단은 새로운 상상력의 원천이 됩니다. 대학생이 '스펙'을 쌓는 것이 아니라 농사를 지으면서 경계를 횡단하는 것은 캠퍼스가 갖고 있는 고정된 틀을 횡단하는 것이며 새로운 놀이 규칙을 만드는 아이처럼 되는 것입니다. '레알텃밭학교'가 외치는 '청춘이여, 호미를 들라!'라는 슬로건은 경계를 자유롭게 횡단하는 사람들의 강건한 메시지로 들립니다.

왜 횡단하는 것이 중요할까요? 횡단성은 자유로운 사고와 생각, 행동의 잣대이기 때문입니다. 경계와 고정된 틀에 가두어진 사람들은 가로질러 횡단하는 것에 대해서 익숙하지 않습니다. 규칙과 성격이 바뀌어야 하며, 변화해야 한다는 게 힘들기 때문이기도 합니다. 그러나 마치 아이들이 재미로 하는 놀이처럼 자신의 굳어진 몸을 자유롭게 만들고 새로운 규칙과 사고를 끊임없이 만들면서 다양한 영역을 횡단해보는 것도 좋을 것입니다. 마치 계피가 약재와 음식을 횡단하고 하나의 맛으로 고정되지 않으면서 독특한 향과 맛을 갖게 되듯이 횡단을 통해 색다른 자신의 모습을 갖추어보는 겁니다. 한때 우리가 아이였을 때 횡단하며 얼마나 흥분하며 재미를 느꼈는지를 생각해보면 그 횡단의 흐름이 갖는 어지러움에 몸을 실어보는 것도 흥미로운 일일 것입니다.

간장과
특이성 생산

콩, 소금, 물이 만들어낸 기이한 액체

콩 발효의 그윽한 향미가 있는 간장

간장은 단지 짠맛일 뿐일까요? 아닙니다. 간장에는 짠맛 외에도 다양한 단맛과 감칠맛이 섞여 있어서 발효 식품이 갖고 있는 풍미와 향미를 느낄 수 있습니다. 간장이 가진 이상하리만큼 향긋한 감칠맛은 보온 밥통을 열고 뜨거운 밥 위에 마가린과 간장을 함께 비벼 먹어보면 알 수 있습니다. 간장의 짠맛과 마가린의 고

세 번째 식탁: 철학에 윤기를 더하는 양념

소함이 결합되어서 자취생이 누릴 수 있는 최고의 별미가 탄생하는 것이지요. 혹은 구운 김에 밥을 얹고 간장을 묻혀 먹어도 짜지만 달달한 간장의 그 오묘한 맛을 알 수 있습니다. 간장과 함께하는 음식이 짭짤하면서도 달달한 종류일수록 특히 그 맛의 진가가 톡톡히 발휘됩니다.

간장은 종류가 많습니다. 부엌 찬장을 열어보면 진간장과 국간장, 양조간장 등 다양한 간장을 찾을 수 있을 겁니다. 색으로 보아 옅고 감칠맛이 적으면서 그윽하면 국간장이고, 달달하면서 감칠맛도 있으면 진간장이며, 향이 진하면 양조간장입니다. 이름만큼 그 쓰임새도 다양하지요. 재래식 간장은 12월경에 콩으로 메주를 쑤어 처마에 매달아서 발효를 해두었다가 2월경에 소금물에 메주를 담가 한두 달 숙성시킨 것입니다. 재래식 간장을 만들 때는 시방바다 풍속이 많았다고 합니다. 주부들은 간장을 만드는 시기에 몸가짐을 바르게 해야 했기에 여러 가지 금기가 많았습니다. 액이 낀다고 해서 아이를 낳은 곳이나 초상난 곳에 가서도 안 되고, 간장 맛이 시어진다고 해서 신新 씨나 신申 씨 성을 가진 집에 가까이 가지 않았으며, 간장을 만들 때 음기가 들어간다고 해서 창호지를 입에 붙이고 작업을 했다고 합니다. 이에 비해 황곡에서 나온 누룩곰팡이를 발효의 재료로 사용하는 개량식 간장은 왜간장이라고 부르며 단맛이 나고, 기업화된 방식으로 만들 수 있는 것입니다.

간장에 대한 고문헌의 기록으로는 중국의 〈위지동이전〉에서 "고구려에는 장양藏釀을 생산한다"라는 기록이 나오는데, 장양은 된장과 간장이 분리되지 않은 걸쭉한 형태였다고 합니다. 옛날 사람들에게는 간장은 살아가는 데 필수적인 저장 식품이었습니다. 그렇기 때문에 고구려 고분인 안악3호분의 벽화에도 장독대가 그려져 있으며,《삼국사기》,《고려사》 등에서도 장에 대한 기록이 등장합니다. 특히 대두 식품의 원산지였던 만주 지역에서 건설된 고구려는 콩 발효 식품을 일찍부터 발전시켜왔기 때문에 아주 오래 전부터 간장을 만들어왔다고 볼 수 있습니다. 이처럼 간장의 문화는 우리나라 역사와 궤를 같이하면서 발전해왔습니다. 그러다가 개화기 이후에 일본 된장과 간장이 들어왔고, 지금 우리가 먹고 있는 기업형 방식의 왜간장이 선보입니다. 그러나 재래식 간장의 그윽함과 깊은 맛보다 달달하고 감칠맛을 갖고 있는 일본식 개량 간장은 처음에는 환영받지 못했습니다. 그러다가 도시화와 산업화의 길을 걸으면서 식생활이 변화했고, 개량식 간장이 식탁을 점령하게 되었습니다. 현재 판매되는 간장들은 발효의 시간을 줄이기 위해서 염산에 콩을 담가 아미노산으로 분해해서 소금과 착색제, 화학약품을 넣어 제조하고 있는 것이 대부분입니다. 간장에 약간 신맛이 나게 하는 발효 시간을 단축하기 위한 임시방편으로 염산이 사용되고 있다는 것은 참으로 아연실색할 만한 일입니다.

　　　　　　　세 번째 식탁: 철학에 윤기를 더하는 양념

간장은 아련한 기억을 일관되게 연결하는, 어릴 적 우리 식탁의 주요 조미료였습니다. 간장이 발효되는 시간은 소금과 물과 메주가 합성되어서 전혀 예상치 못한 효과를 만들어내는 특이성이 생기는 순간이었습니다. 또한 간장은 우리 식탁에 특별한 맛이 필요할 때 등장하는 비장의 조미료였으며, 간장이 곁들여질 때 생기는 색다른 향미와 풍미는 그 특이함이 선사하는 맛의 향연을 의미했습니다. 간장은 거의 모든 음식에 들어갈 정도로 흔한 재료이지만, 아주 평범하고 소박한 재료로도 그것들 각자의 특이성을 이끌어내는 데 탁월한 역할을 담당해왔습니다. 어머니께서 간장에 다른 재료들을 조합해서 만들어낸 반찬은 그 하나하나가 세상에서 단 하나밖에 없는 유일무이한 반찬이었고, 그래서 늘 우리는 초대받은 특별한 손님과도 같았습니다.

보편-특수-개별의 운동 외부에 있는 특이성

간장은 발효 과정의 특이점을 통과해서 만들어지면, 마법과도 같이 음식을 특별하게 만든다는 점에서 특이성 생산의 조미료라고 할 수 있습니다. '특이성 생산'은 현대 철학의 최고의 화두입니다. 왜냐하면 '세상은 유기적인 전체로서 변증법적으로 연결되어 있으며 내적 모순의 역동성에 의해서 현실이 변화되리라'

는 마르크스의 계급 투쟁론 이후에, 세계를 변혁하는 색다른 원리로서 특이성 생산이 주목받고 있기 때문입니다. 마르크스는 공산주의를 '자유로운 개인들의 연합'으로 사고했지만, 공산주의로 나아가는 주체인 프롤레타리아트는 부르주아지와 내적 모순 하에 있는 계급 주체로 규정했습니다. 역사의 발전 원동력이 계급 투쟁이라고 하는 마르크스의 《공산당 선언》의 이론은 역사적으로 특수했던 것이 이후에는 보편적인 것으로 이행하는 헤겔의 변증법적 운동과 엄밀히 구분될 수 없는 내적 구도를 갖고 있었습니다. 그러했기에 후대의 국가사회주의 이론가들은 역사를 보편-특수-개별이 유기적으로 연결되고 움직이는 발전 단계로 보았습니다. 속류화된 마르크스주의 사상에 의하면 역사에는 일정한 단계가 있다는 생각과, 주체를 그것에 따라 자동으로 움직이는 부두인형으로 보는 모델이 있었습니다. 물론 마르크스주의자들 중에서는 마르크스와 헤겔을 구분해야 한다는 시각도 있지만 말입니다.

페터 빅셀이라는 동화작가가 쓴 《책상은 책상이다》라는 동화가 있습니다. 이 동화에서 나오는 이야기 중 인상 깊은 부분이 바로 제목과 같은 '책상은 책상이다'라는 동화입니다. 여기서 한 남자는 책상을 전화기라고 부릅니다. 침대를 의자라고 부르고, 수저를 양말이라고 부릅니다. 그는 기존 의미 연관을 완전히 해체합니다. 그리고 완전히 다른 언어를 사용합니다. 그리고 다가오

   세 번째 식탁: 철학에 윤기를 더하는 양념

는 세상과의 소통 불능… 동화는 거기까지입니다. 이 동화에서 고정관념에 사로잡혀 세상을 바꾸려는 한 남자의 필사의 노력을 발견할 수 있습니다. 그러나 아쉽게도 이 동화에는 다르고 특이하다는 것이 세상에 어떤 변화를 가하는지에 대한 설명이 없었습니다. 특이함은 서로 연결되어 있는 세상을 변화시키는 원동력이며, 서로의 사이에서 만들어지는 또 하나의 창조물입니다. 특이하다는 것이 완전히 세상과 고립되고 소통 두절에 이르는 것이 아님에도 불구하고, 소통할 때는 헤겔식의 이성과 합리성의 절차와 합의가 수반되어야 한다는 생각이 특이성을 포섭하려 합니다. 이런 생각은 독일의 위르겐 하버마스라는 철학자의 생각입니다. '나'와 '너' 사이에서 만들어지는 흐름과 사이 주체성에 대해서 주목해볼까요? 이러한 흐름의 시각을 하버마스는 이성의 통합력인 변증법의 틀 내로 철저히 가두어둡니다. 그러나 누구도 예상치 못하고, 무엇으로도 식별해낼 수 없는 특이함이 '나'와 '너' 사이에서 만들어질 수 있는 가능성은 어디에나 존재합니다. 그렇다면 세상과 소통할 때 특이성이 전체에 포섭되어 있는 의사소통적 합리성 내에서만 대화가 가능할까요? 우리 사이에서 생겨나는 흐름이 특이성으로 향하는 것을 중화시켜주고 현실과 적절히 타협시키는 것이 하버마스가 언급했던 '의사소통행위이론'의 정체이자 한계가 아닐까 하는 생각이 듭니다. 의사소통이 새롭고 특이한 것을 얘기하고 만드는 것이 아니라면 이미 결정되어 있는

형식적 의제를 합의와 절차에 따라 합리화하는 과정에 불과한 것이 됩니다. 하버마스의 구도는 의미 좌표의 흔들림과 흐름에 기반한 특이성을 다시 합리화된 질서와 틀로 쑤셔 박습니다. 그리고 그 체계는 헤겔식 이성의 변증법이 원했던 질서와 큰 차이를 갖지는 못합니다.

내 속의 '아이'를 불러내는 삶

펠릭스 가타리의 저서를 면밀히 읽어보면 특이함으로 세상을 바꿀 수 있다는 것을 이해하고 깨달을 수 있습니다. 사실 가타리에 대한 여러 가지 책들이 나와 있지만 다소 어렵기 때문에 혼자서 이해하기란 쉬운 일이 아닙니다. 가타리의 사상이 결국 단지 이론만의 문제가 아니라 집단적인 실천을 필요로 하기 때문이겠지요. 가타리의 이론은 아카데미 속에서의 틀에 박힌 이야기가 아니라 활동가들이 현장에서 실천하면서 만들어진 문제의식입니다. 'A는 A이다'라는 고정된 의미 연관은 가타리에 있어서는 A가 B가 되고, C가 되고, D가 될 수 있는 등등의 비표상적인 사유로 나타납니다. 아이들에게 '컵은 컵이다'라는 얘기를 하는 순간, 그 컵은 우주의 열쇠, 희한한 장난감, 마법의 도구 등으로 생각과 개념을 이동하는 능력을 갖고 있습니다. 조카들과 함께 놀다보면 처음 시작한 놀이가 30분이 지나면 대여섯 번 바뀌는 것을 볼 수 있습니다.

특이성 생산은 의미 연관의 흔들림을 넘어서 분열에 의해서 만들어집니다. 이 의미 좌표의 분열이 아주 색다른 것, 기억에 없던 것, 예상치도 못했던 것을 만들어냅니다. 분열, 의미 좌표의 흔들림, 이런 개념들은 우리가 일상에서 거의 쓰지 않는, 그야말로 특이한 개념입니다. 분열이 특이성 생산을 가능케 한다는 얘기를 하면 보통 사람들은 무슨 이야기인지 잘 모릅니다. 그러나 한번은 이와 똑같은 내용을 예술가 집단과의 강의에서 발언한 것이 있는데, 예술가들은 아주 쉽게 그 얘기를 이해했습니다. 자신의 예술 과정이 어떤 분열과 같은 일종의 광기와 미침에 의해서 만들어지고, 그 결과로 만들어지는 예술이 바로 특이성 생산이라는 것입니다. 보통 사람들도 예술 창조의 능력을 갖고 있었을 것입니다. 혹은 아이 때의 유연함도 갖고 있었을 것입니다. 그러나 그러한 능력을 점차 잃어버리고 자신의 역할과 직분에 따라 갑옷과 같은 정체성을 갖다보니 특이성 생산에 대해서 어렵게만 느껴지는 것입니다. 가타리를 공부하다보면 그가 가장 반합리주의적인 사유를 전개하고 있고, 그것이 가장 예술적이면서도 아이처럼 유연한 생각을 가지고 있다는 것도 알게 됩니다. 하나하나 베일을 벗는 가타리의 생각은 실로 실천적인 면모를 갖고 있습니다. 그의 실천가적 면모와 접속하려면 그가 브라질을 여행하면서

    세 번째 식탁: 철학에 윤기를 더하는 양념

썼던 흥미롭고 색다른 책《미시정치》를 한번 읽어보기를 권합니다. 한때 가타리가 영구 이주까지 생각했던 브라질 사회의 변화, 룰라와 가타리의 특별한 인연, 브라질 정신의학 공동체들과의 접속에 관한 흥미로운 이야기를 접할 수 있습니다.

특이성이 생산되면 어떻게 될까요? 서로 연결되어 있는 네트워크에서 특이성이 생산되면 전체의 배치가 바뀌게 됩니다. 졸저《사랑과 욕망의 영토》라는 책에 이 내용을 정리해두었습니다. 실제로 노숙자에 대한 이미지를 떠올려보면, 무기력하고 축 처진 사람이라는 고정관념을 갖게 마련입니다. 그러나 우연히 거리를 걷다가 기타를 치면서 노래를 부르는 노숙 예술가를 만나고 나서 이 고정관념으로부터 벗어나게 되었습니다. 이것은 일종의 아인슈타인 이후의 발견된 핵분열을 일으키는 작은 입자로부터 전체가 연쇄 반응하는 파급 효과와도 같습니다. 네트워크는 하나의 분자적 수준의 변화에도 예민한 상황이며, 적어도 이질적인 것이 다가오면 태도를 결정하여야 하기 때문에 변화하고 이행할 수 있습니다. 네트워크는 마치 생태계처럼 연결되어 있는데, 따로 떨어진 산술적 총합으로서의 나무 백 그루보다 서로 연결되어 숲 생태계를 이룬 나무 오십 그루가 더 강력하게 항상성을 유지합니다. 기존의 네트워크 이론들이 기업 조직의 혁신의 슬로건에 이용되었던 이유는, 베버가 설명했던 합리화의 방식으로 기능 분화되고 위계화되어 있던 기업 조직의 배치를 바꿈으로써 시너지 효과를 누릴 수 있다는 발상에서 시작됩니다. 그렇지만 이런 네트워크의 혁신적인 기능에도 불구하고, 한국에서의 기업 혁신은 비용 절감을 위한 구조 조정과 유연화를 위한 빛 좋은 개살구와 같은 슬로건이었을 뿐이었습니다.

네트워크에서 분자의 변화는 바로 특이성 생산을 의미합니다. 사회현상에서도 분자적 수준에서 벌어진 혁명이 엄청난 파급효과를 주었던 사건들이 많습니다. 지율스님의 100일에 이르는 단식이 성장주의 일변도였던 한국사회를 변형하고 배치를 바꾸고 마음 생태에 모종의 위치 조정을 하게 만들었던 측면이나, 광우병 촛불시위의 시작점에서 거의 40일간에 이르는 대장정을 청소년들이 문화제 형식으로 이끌면서 사회 지층이나 배치에 엄청난 변화를 초래한 것도 그 예라고 할 수 있습니다. 여기서 마르크스주의의 세계 변혁 이론들이 갖고 있는 특수로서의 프롤레타리아트가 보편 개념이 되면서 세상이 바뀔 것이라는 생각과 다른 특이성 생산이 세상을 바꾼다는 생각이 등장합니다. 이러한 변혁이론의 변화된 모습이 생명·평화운동에서 빈번히 발견됩니다. 세상을 바꾸기 위해서 자신으로부터 출발해야 합니다. 자신이 갖고 있는 삶과 생활 습관을 변화시키고 그럼으로써 주위 사람들을 변화시키는 과정으로부터 출발하는 것이 특이성 생산이 갖는 혁명적인 모습이지 않을까 하는 생각이 듭니다.

'특이성 생산'은 일면 쉽게 느껴지기도 하지만 실은 다소 어

　　　　　세 번째 식탁: 철학에 윤기를 더하는 양념

려운 개념입니다. 우리 무의식의 대부분이 미디어에 포획되어 있고, 스테레오타입화된 일상을 살아가면서 특이함을 생산한다는 것이 어찌 쉽겠습니까? 그러나 완전히 다른 목소리와 다른 삶의 스타일이 등장할 수 있으며, 완전히 다른 사유 방식이 가능하다는 낙관을 품어봅니다. 간장이 음식에서 늘 특별한 초대 손님으로 만들고, 특이성 생산처럼 발효가 도달하는 문턱으로서의 특이점을 넘어서야지만 맛의 향미와 풍미를 갖게 만들듯이, 사람들은 각자가 유일무이하며 특이한 사람이면서 우리들 사이에서 특이성을 생산할 수 있는 능력을 갖고 있지 않은가하는 생각이 행복한 낙관의 근거입니다. 왜 굳이 간장을 특이성 생산으로 연결시키는가 하는 의문을 가질지도 모릅니다. 간장이 예상치 못한 맛의 특이성을 만들듯이 특이성 생산도 정상적인 생활이라는 세상의 합리성에 역행하는 측면을 갖고 있다는 점에서 일맥상통하는 면을 발견했기 때문입니다.

아직도 특이성 생산을 어려운 형이상학적 개념으로 오해하는 사람들이 있을지 모르겠습니다. 그러나 오해마세요. 특이성 생산은 재미있고 엉뚱하며 이색적인 일들을 만들어야 한다는 뜻입니다. 재미없고 무료하며 딱딱하면 세상이 바뀌지 않습니다. 세상을 바꾸기 위해서는 우리가 아주 재미있는 흐름 속에서 엉뚱하고 톡톡 튀는 색다름을 생산해야 합니다. 그래서 우리는 춤추고 노래하고 흥에 겨운 삶, 예술이 살아 있고 우리 속의 아이

를 불러내는 삶을 살아야 합니다. 그렇기 때문에 세상에서 유일
무이하며 기억에 없고 아주 특별함을 만들어내는 식사에 간장을
빼놓을 수는 없습니다.

고추장과 배치

고추장 맛은 며느리도 몰라

고추장 없는 비빔밥, 고추장 없는 떡볶이, 고추장 없는 낙지볶음은 어떤 맛일까요? 고추장이 없다면 비빔밥은 단순히 여러 가지 나물과 밥을 섞어 놓은 모양밖에 안 될 겁니다. 갖가지 나물과 채소는 고추장의 배치에 따라 뒤섞여서야만 비로소 독특한 '비빔밥'의 맛을 냅니다. 고추장은 단순히 매운맛을 주는 것이 아니라 매운맛과 음식을 새롭게 조합합니다. 각각의 음식에 색다른 배치를 만들고 자연스럽게 스며들어 새로운 맛을 만드는 양념이지요. 떡볶이는 또 어떻습니까? 고추장이 없다면 떡과 야채와 어묵을 물에 끓여놓은 형상밖에 되지 않을 겁니다. 우리 밥상에서 모든 비벼지는 음식에서 맛의 배치를 결정하는 것은 바로 고추장이라 해도 과언이 아니지요. 뿐만 아니라 고추장은 맛의 배치와 더불어 식탁에 놓이는 음식의 배치조차도 결정합니다. 비빔밥이나 찌개, 국 등에 들어가서 얼큰하고 칼칼한 맛을 배치하는 역할을 하지요. 고추장은 바로 속 깊은 매운맛과 쌉싸름한 향으로 한국인의 밥상을 구성하는 숨은 주인공입니다. 여기서 배치는 위상, 위치, 자리와 유사한 이야기라고 할 수 있겠습니다.

사실 우리나라 전통 장류인 간장, 된장이 삼국시대부터 전해져 내려온 것에 비해 고추장은 일본에서 고추가 도입된 임진왜란 이후에 만들어진 것이라 비교적 역사가 짧습니다. 역사적 기록을 보면 1766년에 나온 《증보산림경제》에 고추장 만드는 법이 자세히 기록되어 있습니다. 이 기록에 따르면 지금보다 고춧가루를 적게 쓰고 있고, 간을 맞출 때 주로 간장을 썼다는 것이 특이합니다. 여러 가지 민속학적 기록에 따르면 진주와 순창이 고추장으로 가장 유명한 지역으로 기록되어 있습니다. 특히 고추장의 고장으로 손꼽히는 순창의 경우, 지금도 유명하지만 그 당시에도 고추장을 만드는 방법과 맛에 있어서 탁월했다는 것을 알 수 있습니

　　　　　세 번째 식탁: 철학에 윤기를 더하는 양념

다. 순창 고추장이 맛있는 이유는 발효 음식에 대한 전통적인 노하우와 물이 좋다는 것, 고추장을 담는 시기와 방식에서 탁월하고, 고원지대라서 습도가 적당해 발효에 좋기 때문이지요.

고추장 음식 중 가장 친근한 음식은 아무래도 떡볶이입니다. 하지만 그런 떡볶이도 조선시대 때는 궁중 요리였다고 하지요. 간장으로 간을 하고 버섯과 야채가 들어간 반찬용 떡볶이가 궁중 떡볶이의 전통을 따른 것이라고 볼 수 있습니다. 빨간 떡볶이는 1953년 신당동에 터를 잡아 장사를 시작한 마복림 할머니에 의해서 개발된 것이라고 합니다. 마 할머니는 1996년 한 고추장 회사의 광고에서 "고추장 맛은 며느리도 몰라"라는 대사로 전국적으로 유명해졌지요. 마복림 할머니가 떡볶이집을 처음으로 열고 반응이 좋자 인근에 다른 떡볶이집들이 하나둘 생기기 시작했고 십수 년 후 신당동 일대는 떡볶이 타운이 조성되었습니다. 마복림 할머니가 91세 나이로 별세하자 며느리들이 떡볶이집의 전통을 이어받은 것을 보면, 고추장 맛은 며느리도 모른다는 그 말은 이제는 틀린 얘기가 된 것 같네요.

그러나 매운맛은 콤플렉스가 될 때도 있습니다. 고추장을 잘 못 먹는 아이들이 맵다고 해서 고추장 맛을 꺼리다보면 중고등학교 때까지 혹은 20대까지도 매운 음식을 못 먹게 되는 경우도 있지요. 그러나 고추장의 매운맛은 콤플렉스가 아니라 맛을 배치하고 새로운 맛을 만들 수 있는 효소와 같은 역할을 합니다. 어

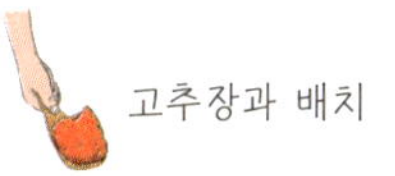

떻게 고추장을 배치하는가가 음식의 맛을 결정하기 때문에 고추장은 색다른 맛을 선사할 수 있는 음식에서의 장기판이나 바둑판과 같은 역할을 할 수 있습니다. 스트레스가 많은 날 고추장이 듬뿍 들어간 음식을 먹고 나면 개운한 느낌이 들지요. 그럴 땐 고추장이 스며들어 빨갛게 물든 음식을 보면 군침이 확 돌고 뜨거운 열기와 매운맛이 선사하는 정열의 느낌에 빨리 다가가고 싶다는 생각이 듭니다. 마치 매운 고추장 맛이 밥상으로 우리를 빨아들인다는 느낌이에요. 우리를 식탁으로 확 끌어당겨 기분의 배치조차도 바꿀 수 있는 놀라운 음식 고추장에서 배치에 관한 철학 이야기를 풀어볼까요?

콤플렉스의 답답한 협착

고추장이 배치하는 맛은 우리에게 기쁨과 즐거움을 선사합니다. 음식 속에 맛을 배치한다는 것은 멋진 일입니다. 제각각 다른 맛을 배치해서 새로운 맛으로 만들고 나름의 별미로 만들어낼 수 있기 때문입니다. 배치는 콤플렉스에 반대되는 개념입니다. 콤플렉스는 어디엔가 사로잡혀 어쩔 줄 몰라 하는 것이며, 배치나 재배치가 불가능한 구조를 의미합니다. 콤플렉스에 대해서 가장 먼저 말했던 사람은 지그문트 프로이트이며, 그는 오이디푸스

     세 번째 식탁: 철학에 윤기를 더하는 양념

콤플렉스라는 구조에 의해서 모든 것들이 설명가능하다는 환원
주의적 입장으로 세상을 해석했습니다. 그는 꿈, 농담, 실수와 같
이 의미 좌표가 흔들리는 상황을 주목했습니다. 그래서 이러한
현상의 배후에는 억압과 내부 저항이 있다고 얘기했습니다. 이러
한 상황은 오이디푸스 콤플렉스에 사로잡혀서 내면적으로 갈등
을 일으키고 억압에 저항하는 모습으로 묘사됩니다. 그러나 그와
같은 생각은 하나의 발상으로 모든 것들을 설명하겠다는 사유를
의미합니다. 이런 환원주의적 방법론은 세계를 설명하려는 많은
이론가들에게 빈번히 나타납니다. 대부분의 아카데미적 사유는,
지도와 같이 그려질 수 있는 관계 성좌를 주관과 객관의 이분법
에 의해서 설명하려 합니다. 그래서 프로이트와 같은 사유 방식
이 단지 프로이트만의 문제가 아니라 학문 전반의 고질적인 문제
라고 할 수 있습니다.

　프로이트는 사람들에게 묻습니다. "너희들은 근친상간을 하
려는 욕구가 다 있지? 그렇지 않아?" 물론 이런 질문이 들어오면
과연 그런가라는 의문을 가지게 될 것입니다. 그리고 프로이트
에 따르면 이러한 모든 사람에게 존재하는 오이디푸스 콤플렉스
가 처벌과 죄의식의 기원이 되어 문명이 성립된다는 것입니다. 이
런 질문은 난감합니다. 왜냐하면 오이디푸스 콤플렉스가 없다고
하면 문명의 범위에서 벗어난 원초적인 상태이므로 근친상간의
욕구가 있는 셈이고, 또한 오이디푸스 콤플렉스가 있다면 당연

히 근친상간의 욕구가 있다는 얘기가 되기 때문입니다. 결국 둘 다 근친상간의 욕구가 있음을 증명하는 셈입니다. 이것은 프로 이트의 뒤를 이어 정신분석학을 발전시킨 아들러의 열등감 이론 과 유사한 구조를 갖고 있습니다. 아들러에 따르면 물에 빠진 사 람을 구해주는 행동은 열등감으로 인해 자신의 능력을 과시하려 는 욕구 때문이라고 설명합니다. 반면에, 물 속으로 뛰어들지 못 하는 사람도 열등감이 많은 사람이기 때문이라고 말합니다. 서로 다른 행동이지만 열등감으로 이 두 행동을 설명하는 것입니다.

콤플렉스가 만들어놓은 이런 형태의 질문은 매우 답답합니 다. 이른바 사로잡혀서 이러지도 저러지도 못하는 상황이 만들어 지며, 그 내부 원리는 노이로제적 발상에 입각해 있습니다. 그래 서 베이트슨은 《마음의 생태학》이라는 저서에서 이 오이디푸스 콤플렉스의 내부에 이중 구속double bind이 있다고 말했습니다. 여 기에는 몇 가지 일화가 있습니다. 어떤 스님이 갑자기 불같이 화 를 내면서 몽둥이를 들고, "네가 꼼짝 안하면 이 몽둥이로 때릴 것이야!"라고 얘기하고, 또 동시에 "네가 움직여도 이 몽둥이로 때릴 것이야!"라고 얘기합니다. 그러면 제자는 어쩔 줄 몰라 하고 쩔쩔매게 됩니다. 콤플렉스는 이런 이중 구속의 원리에 입각해서 환원주의적인 구조를 재생산합니다. 또한 오이디푸스 콤플렉스 의 경우와 관련된 일화에 있어서도 마찬가지입니다. 근엄한 아버 지가 아들을 불러놓고 "나를 밟고 일어서라. 나와 같이 되지 말

우리쌀
고추장

아라"라고 얘기하면서 은근히 자신을 존경해주기를 바라는 것이 이중 구속의 원리입니다.

프로이트는 오이디푸스 콤플렉스가 신경증과 같은 병리적 현상의 원인이라고 얘기합니다. 가족 내에서 아버지의 권위에 억눌러 있는 아들이 아버지를 죽이고 어머니를 취하고 싶은 욕망이 있다는 것이며, 이러한 자신의 내밀한 욕구가 아버지에 의해서 좌절될 때 병증의 원인이 된다는 것입니다. 프로이트의 책을 읽고 있으면 이러한 오이디푸스 콤플렉스로 모든 심리 현상을 설명하려는 야심을 읽을 수 있습니다. 그렇다면 프로이트가 오이디푸스 콤플렉스라는 가족 무의식을 넘어서 사회·역사적 무의식의 지평으로 나아가는 방식으로 치유를 기획했을까요? 아닙니다. 그는 나쁜 아버지의 역할을 대신할 착한 아버지로서 분석가를 등장시킵니다. 어떤 형태로든 마음속에 아버지와 같은 큰 사람이 있어야 하며 어떤 형태로든 권위에 순종하여야 한다는 것입니다. 프로이트는 정상인이라 하더라도 모두 잠재적으로 광기를 갖고 있다고 본 점에서는 상당히 급진적이지만, 정상 상태를 구성할 때 결국 체제에 순응하고 권위에 복종해야 한다는 생각을 설파했다는 점에서 보수적입니다.

프로이트의 콤플렉스라는 구상에 맞서 들뢰즈와 가타리는 배치arrangement라는 개념을 제기했습니다. 배치는 어쩔 수 없는 구조가 아니라, 바뀔 수도 있고 유한하며 국지적이고 찢어지거나 변형될 수 있는 것입니다. 흔히 학교에서 학생들을 배치했다거나 기업에서 어떤 기획에 따라 사람들을 배치했다고 할 때가 있습니다. 그러나 "배치"는 더 자율적인 개념입니다. 그 속에는 각본처럼 짜여진 어쩔 수 없는 현실 구조에서 주체가 무력화되는 것이 아니라 구조의 바로 곁에서 주체가 자율적으로 결정할 여지가 있다는 것입니다. 배치를 바꾸면 생각도 바뀌고 주체성도 바뀔 수 있다는 것이 들뢰즈와 가타리의 기획입니다. 배치의 입장에서 보면 현실은 변화 가능하고, 재배치되고 변형될 수 있는 것입니다. 그런 의미에서 배치는 고정관념에 사로잡혀 A를 A라고 보는 것이 아니라, 배치에 따라 A는 B일 수도, C일 수도 있게 됩니다.

콤플렉스를 넘어서

대부분의 기업 혁신은 배치를 바꿈으로써 시너지 효과를 가지려는 기획에서 비롯됩니다. 그러나 기업 혁신이 구조적 수준으로 머물 때 결국 구조 조정은 비용 절감을 위한 유연화와 해고로 귀결되기 마련입니다. 기업은 베버가 묘사한 합리화의 과정처럼 기능 분화된 현실에 의해서 움직입니다. 자신의 역할과 직분, 기능에 충실한 사회는 결국 타이타닉 호의 역설에 부딪히게 됩니다. 타이타닉 호가 빙산에 부딪히려고 하는 직전에도 악사는 악

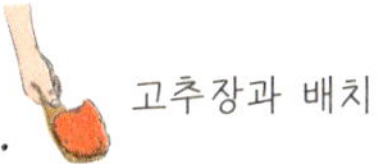

기를 연주하고, 요리사는 요리를 하고, 가수는 노래를 충실히 부르는 상황 말입니다. 이러한 기능적 합리성은 관료화를 낳았고, 이러한 관료적 위계의 비효율성은 기업을 혁신하라는 요구로 나타났습니다. 기업이나 조직의 혁신은 기능 연관을 맺고 있던 역할과 직분을 재배치해 생각하지도 못한 시너지 효과를 갖는 것을 의미합니다. 또한 작은 분자들의 배치의 변화가 전체 조직에 큰 영향을 줄 수 있다는 생각입니다.

기업과 사회조직의 혁신에 대한 논의는, 어떤 배치에서는 A였던 것을 A 더하기 알파로 만들어낼 수 있다는 네트워크 효과에서 비롯된 개념입니다. 이러한 네트워크와 관련된 개념 구도도 배치와 관련된 사고의 일종입니다. 그러므로 관계망에서 무엇인가가 새롭게 나올 것이라는 네트워크의 기획은 배치를 바꿈으로써 색다른 주체성을 생산하려는 기획과 같은 것입니다.

사회 속에서는 배치보다 구조를 강조하는 사람들이 많습니다. 이런 사람들은 마치 프로이트처럼 어쩔 수 없는 현실이 있다는 식으로 주체의 무력함을 내부 원리로 갖고 있습니다. 특히 좌파라고 하는 사람들이 자본주의의 구조 분석을 아주 세련되고 정교하게 할 때는 사람들의 이목과 관심을 받습니다. 그러나 구조에 대한 분석은 화려하게 하면서도 구조를 바꿀 수 있는 주체와 주체성 생산에 대해서는 아주 초라한 결론을 내리는 것을 볼 수 있습니다. 결국 그들이 내리는 결론은, 자본주의는 보다 치밀

   세 번째 식탁: 철학에 윤기를 더하는 양념

해졌고 내밀한 미시적인 공간까지 내려와 있지만, 주체는 여전히 형성되어 있지 않거나 일시적으로 등장하고 사라지고 만다는 것입니다. 그러나 그러한 논리에 결코 동의할 수 없습니다. 모든 사회의 영역에서, 생활의 영역에서, 미시적인 공간에서 주체성이 등장하고 생산되고 있으며, 아주 새로운 배치를 만들어내기 때문입니다. 예를 들어 공교육의 폐해를 지적하는 사람들이 교육 구조의 문제를 얘기하는 것에서 그치는 것이 아니라 아주 적극적으로 대안 교육 현장을 만들어내고 있기 때문입니다.

배치라는 개념을 처음 구상한 것은 가타리였습니다. 가타리는 젊은 시절 사실상 많이 와해되고 힘든 상황을 겪으면서 심적으로 장 우리Jean Oury라는 심리치료사에게 많이 의존했습니다. 가타리는 너무도 난해하고 이상한 꿈을 꾸게 되어 장 우리에게 상담을 합니다. 한 시간 가량 꿈을 설명하고 자신의 생각을 얘기하고 있는데, 장 우리가 대뜸 이렇게 물었습니다. "가타리 씨, 어느 쪽으로 잠을 자나요?" 가타리가 왼쪽이라고 얘기하자, 장 우리는 "오늘부터는 오른쪽으로 자요. 그럼 괜찮아질 거예요"라고 말합니다. 가타리는 이때 처음으로 배치라는 핵심적인 개념을 파악했다고 얘기합니다. 정신분석과 같이 무의식으로 들어갈 것이 아니라, 그것의 실질적인 배치를 바꿈으로써 무의식의 위치를 수정할 수 있다는 생각이 여기에서 비롯됩니다.

들뢰즈와 가타리가 함께 쓴 《천개의 고원》에서 배치라는 개

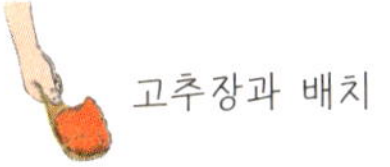

넘은 집합적 배치와 기계적 배치라는 개념으로 더 구체화됩니다. 집합적 배치를 이해하기 위해서 사례로 들 수 있는 것이, 일본의 정신분열증 환자 자조공동체입니다. 이 집단을 촬영한 영상을 보면 정신적 어려움을 겪고 있는 한 사람이 가게에 가서 물건을 살 수 있도록 집단이 함께 도움을 주는 장면이 나옵니다. 미리 가게 주인인 척 하는 한 사람이 물건을 사러 올 때 예상되는 질문을 던지고, 주저하던 환자는 물건을 사는 척하며 미리 예행연습을 해봅니다. 그리고 직접 물건을 사러갈 때 그 자조 집단의 구성원들이 망을 봐주고, 뒤따라가서 지지해줍니다. 그러한 집합적 배치의 전략을 'UTB전략'이라고 합니다. UTB라는 집합적 배치를 느낄 수 있는 사례로 시위대의 경우를 들 수 있습니다. 함께 팀을 짜서 시위를 하면 혼자일 때보다 두려움이 없어지고 대담해집니다.

들뢰즈와 가타리의 배치agencement 개념에서 집합적 배치와 함께 다루어지는 기계적 배치로는 학교, 군대, 감옥, 병원, 시설과 같은 기계장치들이 있고, 이것은 《감시와 처벌》에서 푸코가 얘기했던 배치dispositif개념과 통하는 것입니다. 푸코의 배치 개념은 사회에 모세혈관처럼 고루 퍼져 있는 미시권력들이 형성되는 장치 개념에 출발점을 둡니다. 초기 푸코의 배치 개념을 잘 보여주는 것이 근대 규율 권력의 '파놉티콘' 개념이며, 후기 푸코의 배치 개념을 잘 보여주는 것은 탈근대 생명 권력의 '성적 욕망의 장치'입니다. 그런데 들뢰즈와 가타리는 이런 지배 장치로서의 기계적 배

　　　　　　세 번째 식탁: 철학에 윤기를 더하는 양념

치뿐만 아니라 대안 학교, 양심적 병역 거부 모임, 감옥정보그룹, 탈시설 자조그룹, 질환자그룹 등의 대안 공동체도 기계적 배치라고 얘기합니다. 즉, 대안 공동체조차도 기계처럼 자기생산하며 작동할 수 있다는 의미입니다. 그런 의미에서 들뢰즈와 가타리의 기계적 배치 개념은 푸코의 배치 개념을 넘어서 있습니다. 이는 미시권력의 작동에서 미시정치의 작동으로 이행한 것입니다.

고추장이 맛을 배치하거나 재배치하거나 전진 배치하는 것은 맛을 고정된 것으로 보는 것이 아니라 변형되고 재창조될 수 있는 것으로 보는 멋진 개념임에 분명합니다. 아주 어릴 적에는 매운 것이 너무 싫어서 밥상머리에서 울던 때도 있었습니다. 그래서 김치도, 고추장 묻은 멸치도 물에 씻어 먹었던 때가 있었습니다. 그 시기는 맛의 콤플렉스가 생길 수 있었던 시기였다고 생각합니다. 그러나 배치로 나아가면 콤플렉스에 사로잡히는 것이 아니라 스스로 결정할 수 있는 여지가 많이 생기게 됩니다. 음식에 콤플렉스가 있는 사람들에게 요리나 배식, 식사 과정을 재배치해볼 것을 권하고 싶습니다. 그러면 음식 맛의 지평이 넓어져서 음식의 맛이 우주적 무의식의 일부라는 것을 느낄 수 있을 테니까요.

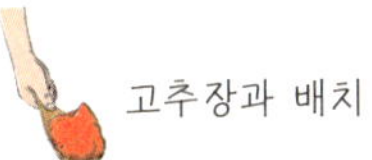

소금과 오토포이에시스

꼭 필요한 소금, 귀한 소금

우리의 몸에 필수적인 구성 요소로서 물, 공기 다음으로 중요한 것이 있다면 바로 소금입니다. 우리 몸에 소금을 잘 보충해주지 않는다면 소금 결핍 현상이 일어나 저혈압과 구토, 쇼크까지도 나타날 수 있다고 합니다. 그런데, 소금은 우리 몸뿐만 아니라 음식을 만드는 과정에서도 필수 요소입니다. 우리 음식에서 젓갈,

     세 번째 식탁: 철학에 윤기를 더하는 양념

절인 생선, 장아찌, 김치 등 소금에 절인 음식을 빼놓을 수는 없
지요. 음식의 간을 볼 때 대부분의 사람들이 '짜다'는 것을 기준
점으로 삼는 것을 보더라도 음식에서 소금이 맛을 결정한다고
해도 과언이 아닐 정도로 그 비중이 높습니다.

　소금은 사회적으로도 매우 중요했습니다. 역사의 기록을 보
면 소금이 화폐와 같은 역할을 했다는 것을 알 수 있지요. 중국,
이집트, 페르시아 등 여러 나라에서 국가 기간 산업의 일부로 소
금의 생산과 공급에 대한 통제가 있었으며, 로마에서는 군인이
나 관리의 봉급으로 소금을 주었습니다. 그래서 임금노동자의 영
어 이름 샐러리맨Salary man의 'Salary'는 소금의 'Salarum'이라는
라틴어에서 유래했다고 합니다. 우리나라 역사에서도 소금장수
에 대한 설화가 곳곳에 있지요. 이런 이야기들을 보면 소금이 마
치 화폐와 마찬기지로 상품 거래에서 중요한 역할을 했다는 것
을 알 수 있지요. 그러니까 소금은 단순히 조미료로 생각해서는
안 되며, 한 사회를 유지하는 데 필요한 가장 기본적인 구성 요
소라고까지 얘기할 수 있겠습니다. 그러나 소금이 비교적 풍족했
던 우리나라의 경우 음식 대부분이 오히려 소금을 너무 많이 넣
어서 문제가 되기도 합니다. 염장 음식 중에서 특히 김치와 같이
소금 염장과 발효를 적절히 혼합한 음식을 주로 먹는 한국 사람
들은 너무 짜게 먹는 게 문제로 지적됩니다. 국이나 찌개류를 보
더라도 조금 간간하다는 생각이 들 정도가 되어야 비로소 맛을

느낄 수 있는 것을 보면, 짜게 먹는 습관이 얼마나 뿌리 깊게 생활화 됐는지를 알 수 있습니다. 특히 최근에는 인스턴트 식품의 소금 함량이 엄청나게 높아서 고혈압 등 성인병의 위험이 높다는 경고가 빈번하게 텔레비전에 등장하곤 하는데, 물론 소금이 음식에 필수적인 요소인 건 사실이지만 건강을 위해서 되도록 줄여야 하겠습니다.

소금은 체액을 알칼리성으로 유지하는 역할을 하면서도 동시에 위액의 구성 성분인 염산도 만들기 때문에 몸의 산성과 알칼리성의 평형을 만드는 중요한 구성 요소입니다. 동시에 근육, 신경 등의 작용을 조절하고 몸의 신진대사에 필요한 물질을 수송하는 역할도 합니다. 특히 몸의 삼투압을 조절하는 역할이 중요한데, 여름철에 물을 너무 많이 마셔 물 중독으로 사망하는 사례는 삼투압 조절에 필수적인 소금을 물이 너무 희석시켜서 벌어지는 현상입니다.

역사를 거슬러 올라가보면, 소금은 육식을 주로 하던 인류가 농경사회로 접어들면서 필수적으로 섭취해야 할 영양소가 되었습니다. 소금은 농경사회를 유지하던 소牛와 금金처럼 귀하고 소중하다는 의미에서 '작은 금'이라는 뜻으로 소금小金이라 불렸다고 합니다. 한국 역사에서 소금에 대한 언급은 〈위지동이전〉에서 최초로 고구려에서 소금을 해안에서 운반해왔다는 구절에서 등장합니다. 본격적으로 소금에 대한 유통과 관리를 했던 기록은,

　　　　세 번째 식탁: 철학에 윤기를 더하는 양념

고려 태조가 설립한 도염원都鹽院이라는 곳에서 소금을 전매제로 운영했다는 부분에서 나옵니다. 그런데 고려 후기 사회 혼란을 틈타 귀족들이 소금을 사적으로 판매하기 시작하는, 오늘날 방식으로 얘기하면 민영화 현상이 나타나서 엄청난 폭리를 취합니다. 조선시대에는 관가에서 소금을 구워 옷감으로 환물하였고, 일제시대에는 완전히 전매제가 되었으며, 해방 후 1961년 이후부터는 국유 염전과 민영 업계로 양분되었습니다. 소금과 염전의 역사를 살펴보면, 소금의 유통과 관리가 한 나라를 유지시켜 주는 대동맥과 같은 역할을 했다는 것을 알 수 있다. 역사적으로 볼 때 소금이 음식에서 필수적일 뿐만 아니라 사람들의 삶을 유지하는 데도 없어서는 안 될 것이기 때문에 소금 생산은 한 사회의 기간 산업이기도 했습니다. 한반도가 삼면이 바다이며, 천일염 생산이 풍족했던 관계로 소금 기근과 같은 역사적인 기록이 없는 것을 보면 참 다행이라는 생각이 듭니다.

열린사회로 가는 길

소금이 우리 몸의 신진대사에 필수적인 구성 요소라는 점은 생명 현상의 자기생산과 관련되어 있다는 것을 의미합니다. 자기생산autopoeisis이라는 개념은 자기 직조, 자기 제작, 자율이라는 다른 이름으로도 불립니다. 자기생산 개념을 처음 쓴 사람은 마투라나Maturana와 바렐라Varela이며, 그 두 사람의 공동 저작인 《앎의 나무》라는 책에 처음으로 등장합니다. 자기생산 개념이 잘 와 닿지 않는다면 이런 사례를 얘기해야 할 것 같습니다. 우리가 먹는 많은 음식은 어디로 갈까요? 하루 세 끼 엄청난 양의 음식 을 먹는데도 그 무게만큼 살이 찌거나 배설되는 게 아니라 대부 분 어디론가 사라집니다. 그래서 어떤 종교인은 그 음식이 영혼 의 무게를 위해 쓰인다고 얘기하기도 했습니다. 그러나 대부분의 음식은 피부, 간, 뼈, 살 등을 자기생산하는 데 쓰입니다. 예를 들 어 피부는 한 달이 지나면 새로운 피부로 다 바뀌어버리고, 간이 나 뼈, 살도 대부분 일정 기간이 지나면 새로운 세포로 교체됩니 다. 완전히 새로운 세포 구성으로 바뀌는 물질대사가 이루어지는 것입니다. 이러한 재생과 순환의 논리가 생명 현상에 있다는 것 은 그것에 대한 필수적 물질들이 자기생산을 하는 데 쓰인다는 것을 의미합니다. 이를테면 소금과 같은 무기질의 순환은 몸속의 세포를 완전히 바꾸어서 새롭게 만듦으로써 몸을 자기생산 하는 것입니다.

마투라나와 바렐라의 자기생산 개념인 '오토포이에시스'가 학문적으로 논의되기 시작할 때 생물학의 지도는 완전히 새로운 지도를 그려나가기 시작했습니다. 이른바 생명의 '구성주의'와 관 련된 논의가 이루어지기 시작한 것이었습니다. 라틴아메리카에

　세 번째 식탁: 철학에 윤기를 더하는 양념

서 생물학을 전공했던 특이한 이력을 가진 두 사람은 생명을 자기 구성적인 것으로 보았고, 다른 학문에도 심대한 변화를 던져주었습니다. 그 당시는 포퍼의 《열린사회와 그 적들》이라는 책이 출간되어 주요 이슈로 떠오르면서 독재나 전체주의에 맞선 열린사회의 가능성에 대해서 활발하게 논의하던 시기였습니다. 어떻게 열린사회를 만들어내는가라는 지점에서 서구 사회는 해체주의적 방식을 채택하는 경향이 있었습니다. 그러나 마투라나와 바렐라의 오토포이에시스 이론은 진정으로 열린사회를 만들기 위해서 외부와 선택적으로 관계하면서 일정하게 자기생산적인 내부의 구성 조직을 갖고 있어야 한다고 말합니다. 즉 와해되고 해체된 상태처럼 모든 것에 열려 있다고 다 좋은 것이 아니라, 생명이 이루어지려면 내부에 스스로를 생산하는 작동이 있어야 한다는 것입니다.

자신을 모두 오픈해서 세상과 만나야 한다는 생각을 갖고 있는 사람들에게는 약간의 혼란이 있을 수 있습니다. 그럼 "닫힌 세계로 가자는 얘기인가?"라고 반문하면서 독재나 전체주의라고 오해할 수 있는 혐의를 둘 수 있습니다. 그러나 잘 생각해보면 생명 자체를 유지하고, 스스로 생산하게끔 하는 것은 내부 환경과 외부 환경을 분리시켜 그 내부에서 작동되는 재생과 순환의 자기생산 능력이라는 점을 알 수 있습니다. 즉, 모든 사회와 생명은 그 자신을 만들어가는 데 대부분의 에너지와 물질을 사용해야 하는 것입

니다. 마치 소금이 몸의 삼투압을 유지하는 역할을 하듯이, 외부
에 대해 투입과 산출을 선택적으로 하면서 신체 자체를 유지하고
순환시키고 몸을 자기생산하고자 하는 것과 똑같은 원리입니다.
　　이러한 오토포이에시스 개념은 세상에 대해 열린 태도가 단
순히 해체되고 와해된 상태를 의미하는 것이 아니라는 점을 분

　　　　　　　세 번째 식탁: 철학에 윤기를 더하는 양념

명히 하면서 해체론과 거리를 두게 만들어줍니다. 대신 세상에 대해서 열려 있는 태도는, 내부에서의 작동 원리를 가지면서 세상과 소통한다는 의미로 재해석됩니다. 해체론은 근대적 주체의 해체를 통해서 새로운 열린 질서를 만든다는 기획으로서 의미가 큽니다. 그러나 해체된 이후에 어떤 질서를 만들 것인가에 대해서 대답하지 못합니다. 이를테면 객관적인 진리가 있다는 식의 플라톤류의 실재론에 대해서 해체하는 탈구조주의 맥락의 반실재론이 어떤 실천적 의미를 갖는지 대답하지 못한다면, 양시양비론적인 상대주의자에 불과한 이론이라는 비난으로부터 자유로울 수 없습니다. 여기서 진리와 주체의 해체 이후에 구성과 자율의 원리를 도입하는 것이 오토포이에시스 이론이 갖고 있는 색다른 실천적인 의미라고 할 수 있습니다. 구성적이고 감성적인 실천이 주체성을 생산하고 생활 연관 속에서 각기 다른 세계를 구성한다는 것이 이 이론이 역설하고 있는 바입니다. 이로써 한때 풍미했던 포스트모던주의가 유포한 해체론과는 완전히 다른 내부 질서를 갖고 있는 생명과 조직을 구상해볼 수 있게 되었습니다.

마투라나와 바렐라의 자기생산 개념은 생명을 유지하고 구성하는 기본 원리를 잘 알려줍니다. 펠릭스 가타리는 오토포이에시스에서 기계machine 개념을 만들어냅니다. 가타리는 기계를 자기생산을 갖고 있는 생명 내부의 작동으로 봅니다. 왜 굳이 기계라는 새로운 개념을 사용했는가라는 질문을 던질 수 있는데요.

"우리는 기계가 아니다, 인간답게 살고 싶다"라고 외쳤던 전태일 열사를 생각해보면, 왜 굳이 생명을 기계로까지 설명해야 하는지 설득력이 없게 다가올지도 모릅니다. 그러나 여기서의 기계는, 닫히고 폐쇄되어 인간을 노예화하는 기계가 아니라 네트워크와 같이 세상에 대해 열려 있고 자기생산하여 인간에게 가능성을 던져주는 기계를 의미합니다. 그것은 가타리가 자기생산으로 생명 현상을 설명하는 데 멈추는 것이 아니라, 사회, 기술, 무의식까지 설명하는 데 사용하려는 의도에서 기계 개념을 쓴 것입니다. 그래서 생물 기계, 기술 기계, 사회 기계, 무의식 기계라는 얘기가 가능해집니다. 물론 바렐라는 생명과 달리 기술의 영역을 자기생산이 아닌 타자 생산으로 보았는데, 가타리는 그것조차도 자기생산의 일부로 보아 기계라는 개념을 비로소 쓰게 된 것입니다. 기술을 자기 구성과 민주주의의 직조 원리로 적용하고 있는 유럽의 해적당과 같은 사례를 생각해본다면 가타리의 기계 개념에 쉽게 접근할 수 있을 것입니다.

세상에 빛과 소금이 된 사람

소금을 얘기하면서 빼놓을 수 없는 사람이 김진숙 민주노총 부산지역본부 지도위원입니다. 그녀는 어린 나이부터 와이셔츠

    세 번째 식탁: 철학에 윤기를 더하는 양념

공장, 아이스크림 장사, 우유 배달부, 시내버스 차장 등 이 사회의 가장 낮은 곳에서 노동자로서 살아갔습니다. 그녀는 단지 일당이 높다는 이유로 용접공이 되었는데, 한진중공업에 취직해서 5년 동안 용접 일을 했습니다. 용접 일은 그녀에게 큰 변화를 가져다주었습니다. 한진중공업 노동조합을 만들면서 해고되었고, 20년 동안 노동운동가로 살게끔 만들었던 것입니다. 그녀가 썼던 《소금꽃 나무》에는 그때의 느낌이 잘 배어 있습니다.

> 한진중공업을 다닐 때, 아침 조회 시간에 / 나래비를 쭉 서 있으면 아저씨들 등짝에 하나같이 / 허연 소금꽃이 피어 있고 / 그래서 서 있는 그들이 소금꽃 나무 같곤 했습니다. / 그게 참 서러웠습니다. / 내 뒤에 서 있는 누군가는 / 내 등짝에 피어난 소금꽃을 또 그렇게 보고 있었겠지요. / 소금꽃을 피워내는 나무들.

그러던 그녀에게 한 사건이 생깁니다. 2002년 650명의 대량 해고에 맞서 싸우던 김주익 지회장이 85호 크레인에 목을 매 자살하는 사건이 생긴 것입니다. 그녀가 말했던 소금처럼 이 땅에서 없어서는 안 될 존재인 노동자들이 쓰다 남은 건전지처럼 버려지는 현실에 분노했고, 그 사건은 완전히 다른 삶으로 그녀를 이끌었습니다. 그리고 2009년 한진중공업의 170명의 대량 해고

사태 때는 김주익 열사 대신 85번 크레인에 김진숙 지도위원이 올라갔습니다. 그것은 죽음으로 자신을 알리고자 하는 것이 아니라, 끝까지 살아서 노동자의 현실을 알리고자 한 것이었습니다. 309일 동안의 고공 농성은 외로움 싸움이었지만, 서서히 변화가 찾아왔습니다. 많은 사람들이 희망버스를 타고 85번 크레인 앞으로 찾아가 노동자와 연대하기 시작한 것입니다. 희망버스는 수많은 사람들이 어우러져 만든 축제였고, 파티였고, 투쟁이었습니다. 이러한 연대와 투쟁의 움직임의 결과로 2011년 노동자들은 전원 복직되었고, 김진숙 위원장은 고공농성을 풀고 땅에 발을 내딛었습니다. 그리고 그녀는 업무 방해 등의 혐의로 징역 1년 6개월 집행유예 3년을 선고받았습니다.

소금은 생명이 자기생산하고 유지하며, 재생과 순환을 할 수 있는 가장 기본적인 구성 요소입니다. 소금이 생명의 자기생산, 오토포이에시스를 가능케 하는 것처럼 이 사회의 보이지 않는 곳에서 빛과 소금이 되고 있는 사람들이 많습니다. 소금은 음식에 없어서는 안 되고 생명에게 없어서는 안 될 것이지만, 그저 흔한 것으로 치부되기 쉽습니다. 꼭 필요하지만 우리가 그 필요성을 너무 쉽게 잊는 것입니다. 생명을 자기생산하는 소금처럼, 보이지 않는 물과 공기처럼, 세상에 없어서는 안 되는 것들이 있습니다. 그중에는 이 사회에 사랑과 정의가 살아 있다는 것을 알려주는 용기 있는 행동도 절대 빠져서는 안 될 것입니다.

식용
천일염
100% 국산탈수소금
중량 : 10Kg

엄격한 밥상 위의 자유로운 생각
칸트

Immanuel Kant, 1724.4.22 ~ 1804.2.12

칸트의 '코페르니쿠스적 전회'는 객관에서 주관으로 철학적 주제를 바꾸는 것입니다. 음식으로 말하자면 객관적인 음식 재료의 문제에서 주체가 어떻게 음식을 만들 것인가라는 요리의 문제로 철학적 주제를 바꾸었다고 할 수 있습니다. 칸트의 식사에 있어서 가장 중심적인 주제는 '요리와 식사 시간을 어떻게 구성할 것인가'였습니다. 특히 칸트가 만들어놓은 식단과 하루 한 번 장장 3시간에 이르는 만찬에 초대된 수많은 외국인들이 만들어내는 철학적인 대화를 생각해본다면 그의 식사 시간은 스스로가 구성해낸 색다른 세계였다고 할 수 있습니다. 칸트의 구성주의는 그의 철학에서는 인식의 문제에 한정되어 있지만, 그의 식사 시간에 관해서는 감성과 교감이 가득한 실천적인 문제였음이 분명합니다.

칸트처럼 규칙적인 식사와 생활 습관을 가진 철학자는 거의 없었습니다. 어릴 적부터 왜소한 체격이었던 칸트는 이런 생활 덕분에 80세까지 장수할 수 있었습니다. 그는 10시에 정확히 잠자리에 들어가서, 새벽 5시에 일어났고 아침 식사 대용으로 차를 여러 잔 마시고 파이프 담배를 피웠습니다. 7시부터 2시간 동안 강의를 한 다음 집필 작업을 했고, 오후 1시부터 정확히 3시간 동안 식사를 했습니다. 특히 그는 식사 이후 정확한 시간에 산책을 했던 것으로 유명합니다. 마을 사람들은 칸트가 산책하는 것을 보고 정확한 시간을 알수 있을 정도였습니다.

칸트는 철저한 생활 습관만큼이나 건강을 무척 예민하게 생각해서 자신의 식생활을 꼼꼼히 관리했습니다. 그는 맥주가 건강을 해친다고 믿었고, 당대의 의학 서적을 거의 다 섭렵하고 있었습니다. 하루에 단 한 끼뿐이던 식사는 외국 인사들이나 손님들 대여섯 명과 사상을 얘기하는 만찬자리로 대신했습니다. 이 긴 식사 시간 동안 대부분의 철학적인 주제에 대한 토론과 아이디어가 나왔다고 해도 무방합니다. 당대에 학식이 있던 많은 사람들이 칸트의 식사 자리에 초대되기를 기대했고, 많은 사상과 철학이 논의되던 칸트의 식사 자리가 당대의 교양인들에게 선망의 대상이었습니다. 칸트가 항상 즐겼던 것은 대구회와 포도주였는데 그는 신선한 대구회를 쪽쪽 빨아먹고 남은 것을 뱉어내는 버릇을 갖고 있었습니다. 생각해보면 이러한 그의 식성이 방문객들이 보기에 그리 좋지만은 않았을 테지만 칸트는 이런 방식이 건강에 큰 도움이 된다고 믿었습니다. 칸트는 여러 면에서 웰빙 생활 습관을 가졌고 건강 염려증이라고 할 정도로 건강을 생각하는 삶을 살았습니다. 자유로운 사고를 했지만 칸트의 식탁과 생활 습관만큼은 고도로 계획된 건강한 방식이었던 겁니다.